依法治校与学校规范化管理操作指南

雷思明　著

教育科学出版社
·北　京·

出 版 人　李　东
责任编辑　孔明丽
版式设计　永诚天地　孙欢欢
责任校对　贾静芳
责任印制　叶小峰

图书在版编目（CIP）数据

依法治校与学校规范化管理操作指南 / 雷思明著
. —北京：教育科学出版社，2018.1
ISBN 978-7-5191-1295-0

Ⅰ. ①依…　Ⅱ. ①雷…　Ⅲ. ①学校管理—指南　Ⅳ.
①G47-62

中国版本图书馆 CIP 数据核字（2017）第 317197 号

依法治校与学校规范化管理操作指南
YIFA ZHIXIAO YU XUEXIAO GUIFANHUA GUANLI CAOZUO ZHINAN

出版发行	教育科学出版社	市场部电话	010-64989009
社　　址	北京·朝阳区安慧北里安园甲 9 号	编辑部电话	010-64981321
邮　　编	100101	网　　址	http://www.esph.com.cn
传　　真	010-64891796		
经　　销	各地新华书店		
印　　刷	中煤（北京）印务有限公司		
制　　作	永诚天地		
开　　本	169 毫米 × 239 毫米　16 开	版　　次	2018 年 1 月第 1 版
印　　张	13.25	印　　次	2018 年 1 月第 1 次印刷
字　　数	204 千	定　　价	39.00 元

目 录

CONTENTS

序言
PREFACE

依法治国是党领导人民治理国家的基本方略，而依法治校则是在学校落实依法治国基本方略的必然要求。2010年7月，中共中央、国务院印发了《国家中长期教育改革和发展规划纲要（2010—2020年）》，明确提出了大力推进依法治校的要求。为了进一步推动其实施，2012年11月，教育部发布了《全面推进依法治校实施纲要》，提出各级各类学校要全面落实依法治国要求，大力推进依法治校，建设现代学校制度。2016年1月，教育部又发布了《依法治教实施纲要（2016—2020年）》，提出要将各级各类学校的依法治校工作推向深入，到2020年，学校要全面达到依法治校的基本要求，形成一批高标准的依法治校示范校。

如何推进依法治校工作，建立现代学校制度？党中央、国务院和教育部的文件为各个学校指明了目标、方向和总体要求。但在具体操作层面，很多学校仍然感到迷茫，不知如何“下手”。中小学校的管理者和教师们迫切需要一部紧贴学校一线管理实际、微观具体、可以直接上手操作的指南式的依法治校读物。

本书试图在这一方面做一些积极的探索，以教育部发布的《依法治教实施纲要（2016—2020年）》为指导依据，紧扣学校管理中四个方面的问题（安全管理、学生日常行为管理、教职工管理、重要制度文件与法律事务管理），整理出数十个方面的依法治校操作指南，以期指导学校管理走向规范化，真正实现依法治校。本书注重实务性，所提供的“指南”具有较强的可操作性，可为中小学一线教育工作者践行依法治校提供很好的帮助。

如果问：“依法治校”的含义是什么？大多数中小学校的教育工作者都能回答“依照法律来治理学校”。倘若再问：如何做到“依法治校”？什么样的学校才符合“依法治校”的标准？这样的深问一定会让不少人感到迷茫。因为对一些中小学教育管理者和教师而言，“依法治校”俨然只是一个应景的“口号”或“誓词”，只是一个停留在观念上或者纸面上的超前理念，与学校的日常运营和管理没有什么关系。也正因为如此，我们在一些学校看到了诸多与“依法治校”相悖的现象：学校没有自己的章程，或者虽有章程，但只是一个摆设；校长负责制变成了校长专制，没有建立起科学、民主的决策机制和监督机制；制定的校规校纪公然违背法律的规定，和法律唱起了“对台戏”；违法办学、违规招生、违规收费的现象时有发生；在管理中肆意侵犯教师或学生的合法权益；校内纠纷解决渠道不畅，突发事件应急处理不力……

种种情况表明，我们的一些中小学教育工作者还没有真正理解“依法治校”的含义，还不知道如何将其落实到学校的日常运营和管理中。

对中小学校而言，“依法治校”主要体现在治校理念、机制建设和日常管理三个层面上。首先，在治校理念上，学校要树立起依法办事、尊重章程、法律规则面前人人平等的理念，要保证学校的办学宗旨、办学目标、办学策略乃至一切办学活动都要符合民主法治、自由平等、公平正义的社会主义法治理念。其次，在机制建设上，学校要建立起一整套符合法治精神的运行机制，包括管理体制的确定、治理机构的设立、民主管理和监督机制的建设、规章制度的制定和实施等；且这套机制要贯彻、体现民主、平等、公平、权力制约的法治精神。最后，在日常管理上，学校要依法办学、依法管理，尊重、保护师生的合法权益，完善师生的权利救济制度，健全校内纠纷解决机制，健全安全管理及突发事件的应急处理机制，真正实现学校管理与运行的法治化、制度化、规范化、程序化。一所学校唯有在治校理念、机制建设和日常管理三个层面上全面落实依法治校的要求，才有可能真正实现依法治校。

雷思明

2017 年 3 月于北京

第一章
学校日常安全事务规范化管理

第一节　学校门卫安全规范化管理操作指南

情境再现

据媒体报道，2014年9月某日，犯罪嫌疑人陈某藏匿一把水果刀，进入湖北省十堰市某小学，窜到位于教学楼五层的五（2）班教室，持刀将正在分发学习资料的女教师刘某刺伤，并刺伤八名学生。随后在民警抓捕过程中，陈某从五楼跳下，当场死亡。行凶案造成三名学生和一名教师身亡。经初步调查，犯罪嫌疑人陈某是该校一名学生的家长，因陈某的女儿未完成暑期作业，老师未让其及时报名，陈某想不通而心生报复。

问题思考

1. 本案中，学校在安全防范方面存在哪些问题？

2. 学校应当怎样建立健全门卫制度，构筑起校园安全保卫工作的第一道防线？

法规依据

《中华人民共和国未成年人保护法》《中小学幼儿园安全管理办法》

操作指南

（一）通则

1. 学校大门是联系学校和外部世界的纽带。通过建立完善的学校门卫制度，对进出校园的人员和物品进行有效监控和严格管理，最大限度地将来自校外的各种安全隐患阻挡在校门之外，从而构筑起校园安全保卫工作的第一道防线。

2. 学校门卫制度不健全，致使各种危险因素乘虚而入，进而危及在校师生的生命和财产安全。保卫学校安全，首先应从守好学校的大门做起。

（二）门卫日常安全管理

3. 学校选任的门卫，应当符合国家规定的资质条件。

★ 门卫人员必须不是《中小学幼儿园安全管理办法》第三十五条规定的学校禁聘的两类人员，即不是“因故意犯罪而受到刑事处罚的人”和“有精神病史的人”。

★ 校园门卫一般应由专职保安担任，确因条件所限无法聘请保安的，也应当由“其他能够切实履行职责的人员担任”。这里的“能够切实履行职责”，是指年龄适当、身体健康状况良好、受过相关安全保卫培训并掌握安全保卫知识和技能等。

4. 在招聘门卫时，学校应当对应聘人员进行专门的审查和考核。

★ 学校应当审查门卫应聘人员的档案，并要求其本人提供公安部门出具的无违法犯罪记录的证明，以便充分了解其背景，确保其不曾有过违法犯罪的经历。

★ 学校还可委托专业机构对应聘人员进行法律考核、性格测验、心理及精神健康状况鉴定，以确保所招聘的门卫具有较强的法律意识，心理健康，性格开朗，能够切实履行门岗职责。

5. 学校应当建立门卫24小时值班制度，门卫应当坚守岗位，不得脱岗。

6. 为了防止无关、可疑人员混入校园制造事端，学校门卫应当对来访人员做好询问、登记工作。

★ 门卫的询问、登记工作一般包括如下几个步骤。

①询问。通过询问了解来访人员来访的事由、欲访问的对象等信息。

②登记。在询问后，门卫应当让来访人员进行登记。登记内容包括来访人员姓名、工作单位、证件号码、访问对象、访问事由、来访时间以及离校时间等。

③检查证件。门卫应当要求来访人员出示有效证件，了解其身份信息，考

查其访问理由是否充分。

④与被访人员联系。门卫还应当与被访对象联系，征求其意见。

★ 对于无合理访问事由或无明确访问对象的可疑人员、无关人员以及精神病患者，门卫要坚决制止其进入校园。

★ 发现有可疑人员长时间在校门口徘徊的，门卫应当对其予以劝离，必要时应当及时向学校领导汇报，并通知公安部门。

7. 门卫在对来访人员进行询问登记之后、放行之前，还应当对其随身携带的物品进行必要的盘问和检查。

★ 学校应当要求一般的来访人员将随身携带的物品寄存在传达室或学校指定的场所，或者开包让门卫检查，不配合者禁止进入校园。

★ 条件较好的学校也可配置安检设备，来访者进入校园前一律要通过安检。

★ 禁止将与学校教育教学无关的易燃易爆物品、有毒物品、动物和管制器具等危险物品带入校园。

★ 对于带出学校的大宗或贵重物品，门卫应在请示学校领导同意并查验登记后方可放行。

8. 在学校正常的教育教学工作期间，门卫原则上应当禁止机动车辆进入校园。

★ 对于确需进入校园的车辆，门卫应当征求学校相关负责人的意见并在获得许可后方可放行；同时要求车辆按指定路线慢速行驶，不得随意进入学生生活区、教学区，不得鸣笛，并停放在指定地点，以确保不会对在校师生的安全构成威胁。

9. 在学生上学期间（上学之后放学之前），门卫应当制止学生随意离开校园。

★ 没有班主任或学校相关负责人的批准，或者没有学生的监护人或由监护人指定的人员接送，门卫不得对欲中途离校的学生予以放行。

★ 对于持有离校证明（由班主任或学校有关负责人开具）的学生，门卫还应当做好核实工作，既要核实证明的真伪，以防止学生为了逃学而弄虚作假欺骗学校，还要核实接送人的身份，以防止无关人员将学生带离校园。

10. 在学生上学、放学时间，门卫应当在校门前与值班教师共同疏导通行，维持秩序。

★ 对于妨碍师生正常通行的行为，门卫应当予以劝阻。

★ 对于在校门口无理取闹、寻衅滋事，可能危及师生人身及财产安全的行为，门卫应当予以制止，并及时报警。

11. 一旦校门口发生危急情形，门卫应当坚守岗位，临危不惧，与不法分子周旋，并及时通知学校领导、果断报警，从而为制止不法侵害行为赢得时间、创造条件。

★ 这里的危急情形是指将要或正在发生的不法分子非法入侵校园的情形。可能发生的非法入侵情形包括：

①醉酒的人员或精神病患者闯入学校闹事；

②学生的家长因为孩子在校被欺负而闯入学校"教训"打人者；

③犯罪分子在被追捕的过程中为负隅顽抗，闯入学校劫持师生作为人质；

④对社会心怀不满的人员闯入学校行凶杀人，以追求"轰动效应"或发泄不满情绪等。

12. 门卫工作责任重大，为了提高门卫的政治觉悟，增强其法律意识，提高其业务能力，学校应当积极组织门卫参加岗位培训，并对其加强教育和管理。

13. 学校领导平时应当多关心门卫的工作和生活，掌握其思想动态，了解其家庭情况和人际交往状况，尽可能帮助其解决实际困难。对因故不再适合继续从事门卫工作的人员，学校应及时进行调整。

第二节　学生上下学及接送交接安全规范化管理操作指南

情境再现

据媒体报道，2013年10月30日，某小学学前班学生韩某放学后独自回家，经过渡槽时不慎掉入河中溺水死亡。事故发生后，韩某家属诉至法院，要求某小学和某村委会共同赔偿韩某死亡的丧葬费、死亡赔偿金、误工费、交通费及精神抚慰金。庭审中，被告某小学认为，该事故系在校外发生，时间在放学后，且学校与每个学生及家长都签了安全责任书，严禁学生到水边玩耍，故学校不应承担责任。被告某村委会则认为，该渡槽已经有上百年的历史，是当地的农田灌溉设施，受害人是留守儿童，放着大路不走偏走渡槽，从而导致事故发生，因而事故是由于韩某监护人监管不力造成的，村委会不应承担责任。法院经审理认为，2006年教育部联合公安部等其他部门制定的《中小学幼儿园安全管理办法》第三十一条规定："小学、幼儿园应当建立低年级学生、幼儿上下学时接送的交接制度，不得将晚离学校的低年级学生、幼儿交与无关人员。"被告某小学并未建立低年级学生上下学时接送的交接制度。韩某放学后在无家长接的情况下自行回家，途中从渡槽通行并溺水身亡，因此被告某小学存在管理上的过错，没有履行交接学前班学生韩某的义务，应当承担相应的赔偿责任。发生事故的渡槽为某村委会几个村小组的农田取水所用，但是未设置安全警示标志限制村民从渡槽上通行，村委会存在一定的过错，也应对韩某的死亡承担一定的赔偿责任。二原告（韩某父母）双双外出务工，未能很好地尽到监护小孩的义务，因此二原告对此次事故也有过错。法院综合考虑事故发生的原因，判决被告某小学承担30%的赔偿责任，被告某村委会承担10%的赔偿责任，二原告自行承担60%的责任。

问题思考

1. 建立健全学生上下学接送交接制度有何意义？如何建立健全这一制度？

2. 学校应当采取哪些措施来保障学生的上下学安全？

法规依据

《中小学幼儿园安全管理办法》《学生伤害事故处理办法》

操作指南

（一）通则

1. 学生上学到校和放学离校这两个时间段，正处于学校的教育、管理职责与家庭的监护职责的交替期，对学生的监管和保护很容易出现“盲区”，学校和家长之间应当加强沟通、密切合作，共同保护学生的安全。

2. 学校应当严格执行国家关于上下学的作息时间规定，在开学初将规定的上下学时间告知学生的家长，并教育学生按时上下学，提醒家长做好上下学期间学生的安全工作。

3. 学校和家长应当分别就学生上下学途中、进出校园、上下楼梯等环节采取相应的安全措施，防止发生意外。

（二）上下学期间的交通安全

4. 开学初，学校应当采取向家长发放《家长告知书》、与家长签订《安全责任书》等方式，督促家长切实履行监护职责，让学生在上下学途中选择安全的出行方式，保证学生在上下学途中的交通安全。

★ 学校应当提醒家长，不要让学生乘坐拼装车、报废车、农用车、低速载货汽车、三轮汽车、拖拉机等非法营运车辆上下学，不让孩子乘坐超员、超速、酒后驾驶、驾证不符等违法校车。

★ 学校一旦发现有家长租用社会非法营运车辆接送学生上下学的，要及时予以劝阻，并通报相关部门，配合有关部门做好学生上下学接送车辆的监管工作。

5. 针对学生在上下学期间所选择的不同出行方式，学校应当定期对学生开展乘车安全、骑自行车安全、行走安全等方面的交通安全教育。

★ 关于乘车安全，学校应当着重教育学生不要乘坐非法营运车辆上下学，不要乘坐超载、超速、酒后驾驶的车辆；乘坐公交车时要抓好扶手，头、手等身体部位不能伸出窗外。

★ 关于骑自行车安全，学校应当着重教育学生不骑快车、不脱手骑车、不与机动车抢道，未满12周岁的学生不得在道路上骑自行车。

★ 关于行走安全，学校应当着重教育学生要遵守交通规则，遵守交通信号的规定；过马路时要左顾右盼，注意来往车辆，不要低头看书或玩手机；不要在马路上打闹、追逐、奔跑，不要翻越马路边和路中的护栏、隔离栏，不要在车辆临近时突然横穿马路。

6. 用自有校车接送学生上下学的学校，应当按照规定建立、健全校车安全管理制度，保证学生的乘车安全。

★ 学校应当与乘坐校车上下学的学生的监护人签订协议，约定学生上下学乘车、下车的时间以及交接的地点和方式，并明确各自的安全职责。

★ 上学时，学生未在规定的时间内到达乘车地点的，司机应当及时与其家长联系，防止学生发生意外。放学后，家长未能按时到达约定的地点接孩子的，司机不得随意让学生自行回家，而应与其家长联系，采取措施保证学生的安全。

（三）学生上下学接送的交接

7. 为了学生的安全，小学低年级（一、二年级）学生应当由家长接送上下学。除国家或地方另有专门规定外，对于小学中年级（三、四年级）学生，学校应当建议家长接送孩子上下学，家长仍然决定让孩子自行上下学的，学校应当与家长做出安全责任约定，督促家长采取措施保护学生的安全，并提醒家长学生在自行上下学途中发生安全事故，学校依法不承担法律责任。

8. 小学应当按照国家规定，建立低年级小学生上下学接送的交接制度。

★ 在小学低年级学生上下学过程中，建立起学生接送的交接制度，可以实现家庭保护和学校保护之间的“无缝对接”。

★ 学校通过与学生的监护人签订交接协议等方式，约定上下学时学生接送的交接时间、地点、接送人、交接方式及各自的安全责任。

①关于交接时间，一般为学校上学、放学的时间；乘坐校车上下学的，交接时间则为上下学期间校车途经交接地点的时间。

②关于交接地点，一般为学校门口；乘坐校车上下学的，交接地点则为距离学生的家庭住址较近的某一校车站点。

③关于接送人，一般是学生的监护人，也可以是监护人指定的其他亲属或相关人员（如保姆等）。放学时，学校应当将学生交给事先约定的接送人。约定的接送人临时有事不能来接学生，而需要另行委托他人临时代接的，学生的监护人应当提前通知班主任，并向临时代接的受托人员出具授权委托手续，学校在核实无误后方可将学生交给受托人员。

④关于交接方式，上学时，学生进入校园或者上了校车，即视为家长已将孩子交给学校，交接工作完成；放学时，接送人在指定地点（如校门口、约定的校车站点）将孩子带走，即视为学校已将学生交给家长，交接工作完成。

⑤关于安全责任，以交接时间为界限。在上学过程中，交接之前由家长自行承担学生的安全保护职责，交接之后安全责任则转移至学校；在放学过程中，交接之前由学校承担学生的安全保护职责，交接之后安全责任则由学生的家长自行承担。

★ 学校应当严格执行学生上下学交接制度，不得将晚离学校的低年级学生交与无关人员。

（四）上下学时校门口及楼梯通道的秩序维持

9. 上下学时间，应当由门卫和至少两名值班教师在校门口负责维持秩序、疏导人流。

★ 门卫的职责重点是维持校门口的治安秩序，及时发现、消除治安隐患，防止发生危害师生安全的违法犯罪行为。

★ 值班教师的职责重点是疏导人流，维持通行秩序，防止发生拥挤踩踏事故。

10. 家长应当在学校门口接送孩子，不得进入校园。上学时，家长将孩子送到校门口，待孩子入校后方可离去。放学时，由各班班主任将学生带到校门口各班指定的集合区域，家长在该区域接孩子。

11. 学校平时应教育学生按时上下学，对于上学时早于规定时间到校的学生，学校应及时打开校门让其进入校园，并安排教职员工对其进行管理，不得让早到的学生在校门口逗留、聚集，以免发生意外。

12. 上学期间，学校不得因以下原因不让学生进入校园或者让已经入校的学生离开校园，而应当对学生采取其他的批评教育和管理措施：

（1）学生未穿校服或佩戴校徽；

（2）学生的发型不符合要求；

（3）学生携带了与学习无关的物品（包括危险物品）；

（4）学生忘了携带必备的学习用品；

（5）学生没有完成家庭作业；

（6）学生犯错误被教师要求回去“请家长”。

13. 上下学时，为了防止教学楼的楼道楼梯和校门口发生人群拥堵现象，学校可实行各个年级错时放学，分散人流。校门口和楼梯口应当安排教师维持秩序，防止发生拥挤踩踏事故。

14. 对于家长晚来接的小学低年级学生和按规定应当由家长来接的其他学生，学校不得将其交给无关人员，不得让其自行回家，而应当让其在校园内的专门场所等待家长，并安排专门的教职工负责维持秩序，保证其安全。

第三节 校车安全规范化管理操作指南

情境再现

据媒体报道，2014年11月19日，山东省蓬莱市某公路上发生一起特大车祸，一辆自卸大货车与一辆小型面包车相撞，事故造成包括11名幼儿在内的12人死亡，3名幼儿受伤。据了解，该面包车为当地某幼儿园所雇佣，不具备校车资格，核载8人，事发时载有15人；而且此车非法从事接送幼儿园学生活动已近3年。2015年11月12日，此事故牵涉的货车司机、幼儿园园长等四人涉嫌过失致人死亡一案在山东省蓬莱市人民法院开庭审理，法院当庭宣判，以过失致人死亡罪分别判处货车司机戴某、幼儿园园长张某以及校车车主郭某五年、三年和三年半有期徒刑。此外，货车车主张某被判缓刑。

问题思考

1. 校车及校车驾驶人分别应当具备什么样的资质条件？
2. 校车安全管理制度包括哪些方面的内容？

法规依据

《校车安全管理条例》《中小学幼儿园安全管理办法》

操作指南

（一）通则

1．学校可以自行配备校车，也可以由校车服务提供者提供校车服务。由校车服务提供者提供校车服务的，学校应当与其签订校车安全管理责任书，明确各自的安全管理责任，落实校车运行安全管理措施。

2．用于接送学生的校车，应当按照规定取得校车使用许可，领取本地区公安机关交通管理部门核发的校车标牌，并按照规定配备统一的校车标志灯和停车指示标志。其中，接送小学生的校车应当是按照专用校车国家标准设计和制造的专用小学生校车。

3．校车驾驶人应当按照规定取得校车驾驶资格，其机动车驾驶证上应当有本地区公安机关交通管理部门签注的"准许驾驶校车"的字样。

4．每辆校车应当按照规定配备一至两名随车照管人员，跟车保护学生的乘车安全。

5．学校应当建立校车安全管理制度，包括车辆安全检查与维修保养制度、驾驶员安全驾驶制度、乘车管理制度，定期对校车驾驶人、随车照管人员、学生及其监护人进行交通安全教育。

（二）校车基本要求和驾驶人基本条件

6．校车应当具备以下基本要求：

（1）必须符合国家关于车辆的安全技术标准；

（2）车窗不得粘贴深色反光膜；

（3）具有行驶记录功能的卫星定位装置，并配备逃生锤、干粉灭火器、急救箱等安全设施设备，且安全设备放置在安全、便于取用的位置，并确保性能良好、有效适用；

（4）使用年限或行驶公里应当符合国家规定。

7．校车驾驶人应当符合以下条件：

（1）取得相应准驾车型的驾驶证，年龄在25周岁以上，不超过60周岁；

（2）具有3年以上准驾车型驾驶经历，最近连续3个记分周期内没有被记满分记录；

（3）无致人死亡或者重伤的交通事故责任记录；

（4）无饮酒后驾驶或者醉酒驾驶机动车的记录，最近1年内无驾驶客运车辆超员、超速等严重交通违法行为记录；

（5）无犯罪记录；

（6）身心健康，无传染性疾病，无癫痫、精神病等可能危及行车安全的疾病病史，无酗酒、吸毒行为记录。

（三）校车通行安全

8．校车驾驶人驾驶校车上道路行驶前，应当对校车的制动、转向、外部照明、轮胎、安全门、座椅、安全带等车况是否符合安全技术要求进行检查，不得驾驶存在安全隐患的校车上道路行驶。

9．校车的副驾驶座位不得安排学生乘坐。校车运载学生过程中，禁止除驾驶人、随车照管人员以外的人员乘坐。

10．校车运载学生，应当按照规定的位置放置校车标牌，开启校车标志灯。运载学生时，应当按照经审核确定的线路行驶（遇有交通管制、道路施工以及自然灾害、恶劣气象条件或者重大交通事故等影响道路通行情形的除外）。在运行中，可以在公共交通专用车道以及其他禁止社会车辆通行但允许公共交通车辆通行的路段行驶。校车上下学生，应当在校车停靠站点停靠；未设校车停靠站点的路段可以在公共交通站台停靠。

11．驾驶人在驾驶校车时，应当携带有效驾驶证、行驶证及相关证件，遵守交通规则，不得违章驾驶，不得疲劳驾驶，不得酒后驾驶，不得在校车载有学生时给车辆加油，不得在校车发动机引擎熄灭前离开驾驶座位。

12．校车载人不得超过核定的人数，不得以任何理由超员。校车应当遵守国家关于校车的限速规定，不得超速行驶。载有学生的校车在高速公路上行驶的最高时速不得超过80公里，在其他道路上行驶的最高时速不得超过60公里，在急弯、陡坡、窄路、窄桥以及冰雪、泥泞的道路上行驶，或者遇有雾、雨、雪、沙尘、冰雹等能见度低气象条件时，最高时速不得超过20公里。

13．校车发生交通等意外事故，驾驶人、随车照管人员应当立即报警，设置警示标志。乘车学生继续留在校车内有危险的，随车照管人员应当将学生撤离到安全区域，并及时与学校、校车服务提供者、学生的监护人联系处理后续事宜。

（四）校车乘车安全

14．校车运载学生时，应当指派随车照管人员随校车全程照管乘车学生。随车照管人员应当符合如下条件：具有较强的组织沟通能力；身体健康，无传染性疾病，无癫痫、精神病等可能危及照管安全的疾病病史，无酗酒、吸毒行为记录；无犯罪记录。

15．随车照管人员应当履行下列职责：

（1）发现驾驶人无校车驾驶资格，或饮酒、醉酒后驾驶，或身体严重不适以及校车超员等明显妨碍行车安全情形的，制止校车开行；督促校车驾驶人在行车前对校车安全技术的检查。

（2）学生上下车时，在车下引导、指挥、维护上下车秩序，制止学生携带易燃、易爆、易碎物品及管制刀具等上车。发现学生无故缺席，及时与学生监护人或学校分管领导取得联系。

（3）帮助、指导学生安全落座，系好安全带，确认车门关闭后示意驾驶人启动校车。

（4）制止学生在校车行驶途中离开座位、嬉戏打闹、吃东西或将头、手伸出车窗外等危险行为。

（5）核实学生上下车人数，确认乘车学生已经全部离车后本人方可离车。

（五）校车检验、维修及乘车申请、安全教育

16．除正常的定期检查外，校车每学期开学前应当进行一次全面的安全性能检验，检验合格后，方可投入使用。校车应当由依法取得相应资质的维修企业维修。

17．学生乘坐校车，应当由其监护人向学校提出书面申请，经学校审核同意后，监护人应当与学校签订协议，明确双方的安全管理义务和监督权利。

18．学校和校车服务提供者应当定期对校车驾驶人进行安全教育，组织校车驾驶人学习道路交通安全法律法规以及安全防范、应急处置和应急救援知识。学校应当对教师、学生及其监护人进行交通安全教育，向学生讲解校车安全乘坐知识和校车安全事故应急处理技能，并定期组织校车安全事故应急处理演练。进行前述交通安全教育、培训和演练等应当有书面记录。

第四节 学生出勤安全规范化管理操作指南

情境再现

据媒体报道，出生于2008年8月的区某就读于藤县某村小学学前班。由于家离学校并不远，区某平时都是步行往返学校，且没有父母接送。2015年5月5日上午，区某应按时到校上学，但当日下午并未到校上学，当时的代班老师发现了这一情况，没有及时向学生家长告知。当天下午6时，区某的母亲未见女儿按时回家，就发动家属、邻居、老师等人到村中各角落寻找。晚上11时许，区某的母亲在距离学校不远的一处竹根下发现区某的遗体。经藤县公安局确认，区某系被害身亡。痛失女儿的区某父母认为学校未尽到相应的监护管理义务，为此诉至法院，要求学校承担50%的赔偿责任，即赔偿经济损失10万余元。法院经审理认为，按照《中小学幼儿园安全管理办法》第二十四条的规定，学校应当建立学生安全信息通报制度，将学校规定的学生到校和放学时间、学生非正常缺席或者擅自离校情况，以及学生身体和心理的异常状况等关系学生安全的信息，及时告知其监护人。被害人区某是被告的学生，被告应当将原告女儿未到校的情况及时告知原告，但被告并未履行这一告知义务。《中小学幼儿园安全管理办法》第三十一条规定，小学、幼儿园应当建立低年级学生、幼儿上下学时接送的交接制度。案发时被告未建立低年级学生上下学时接送的交接制度，可见被告有未尽管理职责的行为。据此，法院判决被告承担10%的赔偿责任，赔偿原告因区某死亡而造成的损失20552.4元。

问题思考

1. 建立健全学生出勤制度在学生安全管理方面有什么意义？
2. 学校应当怎样建立健全学生出勤制度？

法规依据

《中小学幼儿园安全管理办法》《学生伤害事故处理办法》

操作指南

（一）通则

1．建立、健全学生出勤制度，有助于学校、家长及时掌握学生到校、离校等涉及学生个人安全的信息，适时履行监管职责，保护学生的安全。

2．学生出勤管理存在漏洞，可能造成家校之间信息沟通延迟，从而影响家校之间监管职责的衔接，为意外事故的发生埋下隐患。

3．为了沟通的便捷和及时，开学初，学校应当让每一位学生的家长在学校登记一至两个方便联系的电话号码（至少有一个是手机号码），用于接收学校和教师的通知消息。

（二）出勤制度的建立

4．开学初，学校应通过张贴公告、向学生的监护人发放书面的《家长须知》、发送短信（微信）通知等方式，将学校规定的上学、放学时间告知家长，提醒家长做好上下学期间学生的安全工作。

5．遇节假日或者重大活动安排等，需要对上学、放学时间进行临时调整的，学校应提前一天将调整后的时间通知到每一位家长。

★ 为了确保家长能够看到临时调整上下学时间的通知，学校最好在通知上附上回执，待家长在回执上签字后让学生带回交给班主任；学校或者各班班主任统一采取短信或微信方式进行通知的，应当让家长在收看信息后及时回复“家长已收到通知，并将采取相应措施履行对孩子的监管职责”。

★ 未提前通知家长的，学校不得让学生提前放学或者让学生推迟上学到校时间，以防家长因不知情而未能采取相应监管措施，导致学生在自行上下学途中发生意外。

★ 学校提前放学后，对于那些平时需要家长接而家长当天未能按照调整后的时间准时来接的学生，学校不应让其自行离校，而应当对其采取相应的照管措施，直至家长或其指定的人员将孩子接走。

6. 每天第一节课上课之前，班主任应当到班级里查看本班学生的出勤情况。发现有学生在规定的到校时间内缺勤且事先未请假的，班主任应当立即打电话向缺勤学生的家长进行通报和询问，并做好记录。

★ 学校应当将学生非正常缺勤等关系学生安全的信息，及时告知其监护人。对于自行上下学的学生，其缺勤的可能原因之一，是在上学途中发生了意外情况（如逃课玩耍、被拐骗绑架、遭遇事故等），倘若学校未及时将学生缺勤的信息及时告知家长，有可能导致家长不能及时跟进采取相应的安全措施，从而错过寻找和挽救孩子的最佳时机。

★ 通过与家长联系，查明学生是因为生病或家中有事而缺勤的，班主任应当让家长立即通过短信或微信等方式为孩子请假，并在孩子返校后补交正式的书面假条。若家长表示孩子已离家前往学校，不知何故尚未到校，则班主任应当提醒家长及时查询孩子的行踪，采取相应的安全防范措施。

★ 若学生家长预留的电话号码打不通而无法联系，班主任应当尽可能地联系学生的其他亲属、家长的工作单位、家庭所在地的社区机构，并做好相应记录。

7. 每节课前，任课教师应当先点名，核实学生的出勤情况。若发现有学生无故或不明原因而缺勤的，应当立即通知班主任。班主任或者其他主管考勤工作的教师应当立即与缺勤学生的家长取得联系，向其通报学生缺勤信息并了解原因。

★ 通过任课教师的点名，可以及时发现学生的缺课、早退、擅自离校等异常情况，及时向家长通报相关信息，以便家长尽快采取安全防范措施。

★ 为了防止出现学生无故早退、擅自离校的现象，学校应当建立严格的门卫管理制度，制止学生在上学期间随意离校。

8. 学校应当建立严格、规范的学生请假管理制度。学生因病、因事不能到校上课，应当由家长提前向学校请假，并提交书面的假条。假条的内容应当包括：孩子的姓名及所在班级、请假的原因、返校时间、家长的签名及日期。

班主任在收到假条后，应当与家长核实，防止学生或他人假冒家长进行欺骗。

★ 若因学生突发疾病或临时有事，家长在孩子缺席当天临时打电话向班主任请假的，班主任应当让家长先用短信或微信等方式提交假条，并在学生返校后提交正式的书面假条。

★ 若学生在校上学期间请假，要求回家休息或外出办事，则应当由家长向班主任提出请假，并亲自或指派专人来学校接孩子，同时将书面假条交给班主任。家长不能来校接孩子的，在其先行通过电话、短信或微信等方式进行请假，并承诺事后补交书面假条的情况下，有条件的学校，可以考虑请教师护送学生回家或外出。

★ 假条中写明的请假期限已过，学生仍未返校的，班主任应当及时与学生家长取得联系，询问具体情况并要求其补办续假手续。

9. 在校寄宿的学生，在上课期间因身体不舒服，请假要求回宿舍休息的，班主任或任课教师应当先让其到学校医务室检查，并立即通知学生家长。校医确认学生病情轻微，无须立即上医院就诊的，在取得校医开具的证明后，学生可请假回宿舍休息，但班主任或学校指定的其他教师应当随时关注学生的情况，防止发生意外。

10. 学生在校上学期间，因先天特异体质或临时身体不舒服无法上体育课或其他室外活动课而请假的，在校医确认其无须立即上医院就诊的情况下，任课教师可安排其在一旁休息，也可让其回教室休息，并对其行为加强管理，防止发生安全事故。

11. 上学期间，学生做出违纪行为后，教师不得令其自行离开学校（如让其回去请家长、取作业等）；情况特殊，确需其离校的，应当由家长将其从学校接走。

12. 学校组织学生外出参加活动时，在活动过程中应当强化考勤工作，随时关注学生的行踪，在学生进出校门、上下车、到达及离开活动场所的前后时间内应当及时清点人数，防止学生脱离集体而发生意外。

第五节　普通课堂安全规范化管理操作指南

情境再现

据媒体报道，方某和严某系南昌市某小学五年级同班同学。2014年2月21日下午上音乐课时，任课教师未向学生教授音乐课程。其间，方某离开座位，当走至严某座位后面时，突然从严某背后勒住他，随后被严某甩开，摔倒在地，造成右肱骨外科颈骨折。事发后，方某两次住院治疗共计花去医疗费21597.8元。经司法鉴定，方某损伤构成十级伤残。由于就赔偿问题未能与严某及学校达成一致，方某将二者告上了法庭。法院经审理认为，原告方某上课时不遵守课堂纪律，离开座位玩耍，在玩耍过程中不计后果，越过安全警戒线，先对被告实施加害行为致使被甩开而受伤，对此次事故的发生应负相应的责任；被告严某在遭遇侵害时，未采取适当方法制止和处理，造成原告方某右肱骨外科颈骨折，其行为与原告方某的损害存在直接因果关系，故应承担相应的民事责任。因被告严某尚未成年，无经济能力，故应由其法定代理人即被告严某的父母承担赔偿责任。被告南昌市某小学在从事教学活动中，负有预防、制止学生发生伤害事故的义务，此为学校的法定义务。但该小学在课堂上对学生疏于监管，致使发生原告方某受伤的事故，学校应对该起事故的发生承担主要责任。据此，法院一审判决原告方某自行承担40%的责任，被告严某的父母承担10%的赔偿责任，被告南昌市某小学承担50%的赔偿责任。

问题思考

1. 在方某受伤的事故中，学校的过错主要表现在哪些方面？
2. 学校、教师应当落实哪些课堂安全管理常规？

法规依据

《中小学幼儿园安全管理办法》《学生伤害事故处理办法》《中小学校岗位安全工作指南》

操作指南

（一）通则

1. 学生在校的大部分时间是在课堂上度过的，学校应当建立课堂安全管理常规，落实管理要求，合理预见、积极防范可能发生的安全风险。

2. 在课堂上，任课教师是保护学生安全的直接责任人。任课教师是一岗双责，既要做好学科教学工作，又要承担起对学生的安全管理职责。

（二）课堂安全管理常规

3. 任课教师上课的第一件事是检查学生的出勤情况。一旦发现有学生缺勤，教师应当询问其他同学，对于无故缺勤的学生，应当立即通知其班主任，由班主任与学生家长进行联系。

★ 学生缺勤的原因有很多，包括请假、迟到、早退、逃课以及上学途中发生意外等。对于一些紧急情形，如果学校和家长未能及时发现并采取措施，就有可能错过挽救学生的最佳时机。

4. 学生上课迟到的，教师应当在提醒或批评教育后让其进入教室，不得将其关在教室外，让其放任自流。

5. 上学期间，教师不得因为学生犯错误而让其离开学校或回家。

★ 学生未带作业或学习用具的，教师不得让其回家去取，以免发生意外。

★ 学生违反课堂纪律，教师不得将其驱离学校或令其回家。学生严重扰乱课堂秩序，使得课堂活动无法继续进行的，教师可以按照校规校纪让其到办公室或校内其他合适的场所平复情绪、自我反省，但应当安排专人对其进行看管，保证其安全。

6. 上课期间，除身体不适需要去医务室检查治疗，或者急需上厕所等特殊情形外，教师不得允许学生离开课堂。

7. 任课教师应当严格遵守学校的课时安排，按时上课，不得迟到，不得中途离开课堂，不得提前让学生下课。

★ 教师应当在上课铃声响起之前进入教室，若迟到，学生在无人看管的情况下有可能会因打闹等原因而引发意外伤害事故。

★ 上课中途，教师不得撇下学生而离开课堂。否则，处于放任状态的学生，在突然放松后有可能做出出格的举动。回办公室取教具、上厕所或者外出看病，都不能成为教师中途离岗的理由。确因情况特殊必须离开课堂的，任课教师应当事先征得学校领导的同意，并由学校安排其他教师代课。否则，在教师脱岗期间一旦发生学生伤害事故，学校将因疏于履行对学生的管理、保护之责而必须承担相应的民事责任。

★ 教师不得提前宣布下课，让学生处于“放羊”状态。

8. 上课过程中，教师应当管理课堂纪律，关注每一名学生的表现，及时制止学生做出的危险性行为。

★ 纪律是秩序和安全的基本保障，学生不守纪律、课堂秩序混乱，不但不利于课堂教学的进行，还有可能引发安全事故。

★ 任课教师应当观察、了解每一名学生的课堂表现，防止学生在课堂上产生矛盾、发生口角；防止学生拿着笔、小刀或其他尖锐物品对着他人挥舞、比画；防止学生在教室内追逐、奔跑或者殴打他人；及时、有效地制止学生做出的其他可能伤害自己或他人的危险性动作，并做好批评教育工作。

★ 为了让学生养成遵守课堂纪律的习惯，学校及教师应当制定书面的课堂纪律管理规定，并在开学初对学生进行训练和强化。

9. 在课堂上，学生需要使用圆规、刀具等利器的，任课教师应当提前进行安全教育，做好使用方法指导，并监督学生的使用情况。

10. 需要使用电教设备的，学校或教师应当指定专人负责，规范操作，防止触电。

11. 在课堂上，需要让学生离开座位进行表演或演示的，应当留出一定的活动空间，防止学生磕碰或绊倒，必要时应安排专人在一旁进行帮助和保护。

12. 在课堂上，任课教师对学生进行批评教育时应当尊重学生的人格尊严，不得体罚学生；批评学生时应当注意言辞，不得讽刺、挖苦、侮辱学生。

13. 为了防止学生做出自杀、自残等极端行为，在批评教育之后，教师要留意学生的表现，发现其情绪不稳或身体状态不佳的，教师要主动过问、积极安抚，必要时要及时与班主任、家长取得联系，防止发生意外。

14. 上课期间，发现学生身体不适的，教师应当立即让学生去医务室检查、治疗，并立即通知班主任，以便及时采取进一步的救助措施。

★ 学校、教师平时应当教育学生，生病了可以请假，尽量在家休息；在上课过程中，如出现身体不适，务必立即告诉教师，听从教师的安排，尽量不要带病上课。

★ 对生病的学生，任课教师绝不能不闻不问，否则，一旦因此导致学生延误救治的，校方需要对加重的损害后果承担相应的法律责任。

15. 下课铃声响后，教师应当及时宣布下课，不得拖堂，以免耽误学生休息或上厕所。

★ 任课教师长时间拖堂，会挤压学生上厕所的时间，造成学生憋尿或在短时间内拥挤着上厕所，不利于学生的身体健康和安全。

16. 学生上自习课，学校也应当安排教师负责维持课堂纪律，不得让学生放任自流、为所欲为，以免发生意外。

第六节 体育课、实验课安全规范化管理操作指南

情境再现

据媒体报道，15岁的王某与14岁的张某系山东省日照市五莲县某中学的学生。2014年6月，在学校的体育课上练习弯道跑，跑至弯道处时，王某跑入张某的跑道，二人相撞，王某摔倒受伤，导致左臂骨折。经鉴定，其伤情构成八级伤残。后因赔偿事宜协商未果，王某将学校、张某及其父母诉至五莲县法院，要求共同赔偿各项损失共计16万元。五莲县法院经审理认为，王某未充分注意自身安全，在跑步时未遵守“不得串道”的规则，误入被告张某的跑道，致二人相撞，是其受伤的主要原因，王某应对其所受伤害自负主要责任。被告张某在发现王某误入其跑道中时，未及时减速、避让，存在一定的过错，对王某所受伤害亦应承担一定的责任。被告某中学在组织学生上体育课的过程中，对弯道跑的技巧、安全注意事项未充分讲解，在发现王某串道时未及时采取吹哨等警示、制止措施，亦是王某摔倒受伤的重要原因，为此应承担一定的过错责任。结合原、被告各方的过错程度，酌定王某自负60%的责任；张某承担10%的赔偿责任并由其父母承担补充赔偿责任，赔偿原告1.6万元；学校承担30%的赔偿责任，赔偿原告5万元。

问题思考

1. 在本案中，学校为什么会被法院判决承担赔偿责任？

2. 都说体育课、实验课容易出安全事故，试分析此类课堂教学中潜在的不安全因素有哪些，任课教师应当如何采取相应的安全防范措施。

法规依据

《中小学幼儿园安全管理办法》《学生伤害事故处理办法》《中小学校岗位安全工作指南》《学校体育工作条例》《中小学实验室规程》

操作指南

（一）通则

1. 与普通学科的教学活动相比，体育课、实验课的课堂活动存在着更多的危险因素，更易发生安全事故，需要师生树立高度的安全防范意识，并有针对性地采取充分的安全防范措施。

2. 体育课、实验课安全防范的关键，是要在备课时的安全设计、课前的安全教育、课中的动作或操作规则的透彻演示、课堂上对学生的监管和保护等各个环节下足功夫，真正做到未雨绸缪、有备无患。

（二）体育课安全管理常规

3. 体育科目任课教师应当事先掌握本班学生的特异体质情况，对有特异体质或者患有特定疾病的学生，应当根据医疗机构开具的证明安排其免修体育课，或者对其活动做出专门的安排，给予特殊的注意和保护。

★ 特异体质情况包括患先天性心脏病、癫痫、肺结核、高血压、胃溃疡、哮喘、肺炎、肾炎、精神病、伤残以及其他严重的疾病。

★ 学生身患疾病后，在没有医生诊断证明其身体已完全康复并可以参加体育活动的情况下，教师不应当允许其上体育课，也不应让其参加体育测验、体育竞赛等活动。

4. 在上课之前，任课教师应当对运动场地和运动器材进行安全检查，发现安全隐患的，应当及时予以消除；不能消除的，不得安排学生使用。

5. 学生集合后，任课教师应当首先检查学生着装的安全性（也可让学生自查），确保学生未携带可能给自身造成伤害的尖锐物品（如针、刀、金属饰品等），且着装不会妨碍将要进行的运动。

6. 上课开始后，任课教师应当先让学生进行充分的准备活动，以提高学生个体中枢神经系统的兴奋性，增强其各器官系统的功能活动，有效地动员其身体逐渐、全面进入运动状态。

★ 上海师范大学曾对70所中学的运动损伤情况进行调查，调查结果表明在诸多造成中学生运动损伤的原因中，因准备活动不充分而导致的运动损伤占9.2%，排在技术动作不准确、场地设备不好、不遵守运动规则之后，位列第四。

★ 充分的准备活动，可以预防肌肉、韧带和关节的损伤。

7．学习新动作时，在学生练习之前，任课教师要向学生讲解清楚动作要领，并亲自进行示范，确保每一名学生都能准确掌握。对于容易引发安全事故的环节，教师应当着重予以提醒，并告诉学生自我保护的具体对策。

★ 动作要领要讲解、演示透彻。

★ 要向学生说明运动中存在的风险、需要注意的问题，督促学生遵守课堂纪律和安全规范，听从指挥，防止发生事故。

8．对于单杠、双杠、支撑跳跃等存在较大风险的运动项目，教师应当在适当的位置摆放好保护垫，并在一旁对正在做动作的学生提供帮助和保护。

9．任课教师应当严格按照教学大纲的要求进行教学，所安排的教学内容、难度和强度不得超出学生的正常身体承受能力。

★ 因为教学内容超纲而引发学生伤害事故的，学校需承担相应的法律责任。

10．上课过程中，任课教师应当确保每名学生的活动都处在自己的视野范围之内，对学生错误的技术动作要及时给予纠正，对学生做出的危险性行为要及时有效地予以制止，防止发生事故。

11．课堂上，一旦学生出现身体不适或受伤等情形，任课教师应当立即让其去学校医务室进行检查和处理；情况严重的，医务人员或教师应当采取紧急救援措施，及时将学生送往医院救治，同时通知学生家长，避免因延误治疗而导致学生的病情加重。

（三）实验课安全管理常规

12．实验课的任课教师在备课时，既要备知识，也要备安全，要预先对课堂上可能出现的安全问题进行周密的防范。

★ 任课教师对实验课所涉及的各种仪器、药品的类型、特性以及产生事故的原因、防范事故的手段和措施等都要充分了解，对实验设计的安全性要有正确的判断，要预先估计到学生在实验操作中可能会出现的失误，了解万一出现失误应当采取的对策以及极端情况下如何组织学生安全撤离。

★ 实验室还应当事先预备必要的防护用品，以供学生在做实验时使用。

13. 上课后，教师首先应当对学生进行安全教育。

★ 通过安全教育，让学生了解各种实验仪器、药品的特性及其存在的危险性，了解在实验过程中可能会出现的错误操作及其相应的危害性后果，从而使学生对实验课的危险性有充分认识，并保持必要的安全警惕性。

14. 授课时，教师的实验示范演示要直观、规范、完整，要让学生看得清楚、理解得透彻，切忌在学生未掌握实验要领的情况下就让其动手操作。

15. 教学过程中，教师应当维持良好的课堂秩序，防止因学生行为失控而引发安全事故。

★ 在实验课上，学生容易因兴奋而导致课堂纪律混乱，而混乱的课堂纪律是实验课安全的大敌。若课堂上人声嘈杂、人员随意走动，则学生很可能听不见老师讲解的实验要领和注意事项，也可能因兴奋、烦躁而违规操作，从而酿成意外事故。

16. 为了防范安全事故，学校还应当建立、健全实验室的安全管理制度。

★ 学校的实验室应当制定《学生实验守则》《实验室安全操作规程》等规章制度，并将其张贴在实验室的显著位置，以强化学生的安全意识。

★ 实验室还应当建立防火、防爆、防毒、防触电、防盗以及防创伤等方面的安全管理制度，以防范实验室发生各类安全事故。

17. 学校应当严格按照国家和行业相关规定，建立危险化学品的购买、保管、使用、登记、注销等制度，从购买、保管、领用和销毁等各个环节加强对危险化学品的安全管理，防止意外事故的发生。

★ 购买。学校购买教学需要的危险化学品，应当由上级教育装备部门按照规定统一进行采购；或者经学校负责人签字后，由学校总务处依法向公安部门提出购买申请，经批准后再向指定单位进行采购。未经批准不得私自购买，也不得向不具备经营资质的单位非法购买。对于购进的危险化学品，学校应当组织两名以上具有专业知识的教职工进行验收，验收合格后方可入库。

★ 保管。保管危险化学品的库房要设在离教室、宿舍、食堂以及水源较远的地方。保管室要阴凉、通风、干燥，并设置防盗、防火、防震、防压、防潮、遮光等设施，易燃、易爆、剧毒药品应当使用专柜加锁保管。危险化学药品要实行分类隔离存放，性质互相抵触或灭火方法不同的危险化学品不可存放在一起，易燃品要与易爆品、氧化剂远离，毒害品要与酸性腐蚀品远离，酸性腐蚀品要与碱性腐蚀品远离。危险化学品的管理要做到“五双”，即实行双人管理、双人收发、双人领料、双人记账、双人双锁，严禁非相关工作岗位人员以任何理由进入危险化学品存放场所或领取危险化学品。学校还应建立危险化学品定期安全排查制度，及时消除潜在的安全隐患。一旦发现危险化学品丢失或被盗时，教师要保护好现场，及时告知学校的负责人，并按有关程序逐级报告。

★ 领用。对危险化学品的领用，应实行严格的审批、登记制度。领用危险化学品，首先应取得学校主管领导的审批、签字，保管员、任课教师等每个领用环节的相关人员也都要签字。对危险化学品的领、用、剩、废、耗的数量必须详细记录，实行严格的流向登记管理制度。在使用过程中，应当强化师生的安全意识，预防发生安全事故。

★ 销毁。对于不再使用或过期、失效的危险化学品，学校应当提出申请，经上级教育行政部门同意后，交由公安部门或者环保部门依法予以销毁或者在其监督下销毁。学校的教职员工和学生绝不能随意丢弃、处理废弃的危险化学品，以免产生安全隐患。

第七节 课间活动安全规范化管理操作指南

情境再现

据媒体报道，原告李某诉称：2014年10月11日上午，课间操休息时间，李某和同学姚某、刁某、刘某打闹。姚某、刁某、刘某在与李某互相推搡时，将李某撞倒，致使李某的睾丸被树枝戳破。但学校没有及时发现李某受伤，直至中午放学时，经小饭桌阿姨提醒，班主任才将李某送至医院。后因病情严重，李某转院至北京儿童医院，经诊断为阴部外伤。后来，就赔偿事宜李某的父母和学校以及姚某、刁某、刘某的家长多次协商未果，于是李某将学校及三名同学诉至法院，要求四被告赔偿医疗费、护理费、精神损失费等共计三万余元，并承担后续治疗费用。在案件审理过程中，原告李某与姚某、刁某、刘某自行达成和解协议，随后撤回了对三位同学的起诉，仅保留对学校的起诉。法院经审理认为，无民事行为能力人在幼儿园、学校或者其他教育机构学习、生活期间受到人身损害的，幼儿园、学校或者其他教育机构应当承担责任，但能够证明尽到教育、管理职责的，不承担责任。在涉及校园学生人身伤害案件时，关于学校过错问题，应从事前预防、事中管理和事后处置等方面综合审查。本案中，涉案学生均为无民事行为能力人，原告于课间休息时在学校内因互相打闹受伤，学校未及时发现、制止学生的伤害行为，事发之后的调查、处置亦存在一定疏漏之处，校方存在教育、管理不力问题。鉴于原告伤害结果的发生具有一定偶然性和突发性，且在发现原告受伤之后，学校也采取了一定的救治措施，法院综合考虑案情，酌定学校承担40%的赔偿责任，赔偿原告李某各项损失2100余元。

问题思考

1. 有人认为，对于课间发生的学生伤害事故，学校无须承担法律责任，这种说法对吗？为什么？

2. 学校应当采取哪些措施来保障学生课间的安全？

法规依据

《中小学幼儿园安全管理办法》《学生伤害事故处理办法》

操作指南

（一）通则

1. 课间休息时间是校园安全事故的高发期，相当一部分事故都发生在这一时段。当学生休息、放松的时候，学校、教师反而应当紧张起来，对学生加强安全教育和管理，避免发生意外事故。

2. 在课间，学生活动范围较广，活动自由度较大，教师很难紧盯着每一个人，因而制定课间活动规则，让学生养成文明、安全的课间行为习惯至关重要。

（二）课间活动中的“高危行为”和危险区域

3. 在课间，学生的下列行为特别容易引发安全事故，从而成为“高危行为”：

（1）追逐奔跑

★ 课间追逐奔跑属于无序奔跑，由于受场地限制，加之人群聚集，学生在奔跑时容易碰到课桌椅、门、墙壁或其他同学，导致自己、他人摔伤或因磕碰硬物而受伤。在奔跑中猛然回头、转身或变向，则容易与他人发生碰撞而引发事故。

（2）跳台、攀高、骑滑

★ 学生在课间玩耍时跳台阶、跳桌椅或跳乒乓球台，或者攀爬课桌、窗台、护栏、篮球架、树木，或者骑着栏杆扶手滑行，都是很危险的。

（3）拥挤

★ 课间休息时，学生在人群密集的教室门口、楼梯或厕所门口等空间狭小的通道处快速行走、推人或相互拥挤，一旦前面有学生摔倒，往往容易引发群体性踩踏事件。

（4）玩弄危险物品

★ 一些学生违反规定，携带打火机、管制刀具、剪刀、弹弓等危险物品进校园并在课间休息时拿出来玩耍，或者手持小刀、露出笔尖的笔具进行比画、玩弄，在不经意间很容易伤及自己或他人。

（5）做危险性游戏

★ 某些具有一定危险性的游戏，如叠罗汉、跳山羊、斗鸡、背人和拐推人等，若在没有成人监督和保护的情况下玩耍，很有可能发生意外，低年级学生尤其不适合玩耍此类游戏。

（6）吵架、打架等敌意行为

★ 学生之间因小事发生矛盾，从吵架发展到大打出手，由于缺乏辨别力和自控力，动起手来往往不管不顾，很容易导致伤亡的后果。

4. 在课间，校园里的下列场所易发生伤害事故。

（1）教室

★ 由于教室摆放了较多的课桌椅，供通行的过道面积有限，学生在游戏、打闹过程中很容易因磕碰或摔倒而受伤。

（2）楼梯

★ 学生在楼梯的扶手上骑行，上下楼梯时打闹、推搡，在楼梯上奔跑，在行人众多时相互拥挤，都有可能引发安全事故。

（3）厕所门口

★ 学生在课间休息时蜂拥着上厕所，如果急速进出则容易因磕碰、拥挤而受伤。

（4）单杠、双杠等室外体育器材摆放处

★ 在没有保护设施，也没有教师在场帮助的情况下，学生自行在单杠、双杠上做一些复杂的运动，很有可能发生意外。

（5）操场

★ 操场是学生课间活动的主要场所之一，因活动人数众多，学生在无序奔跑中容易发生碰撞而受伤。

（三）制定课间行为准则，加强课间安全教育，杜绝“高危行为”

5. 课间安全事故的发生虽然具有一定的偶然性，但绝大多数都与学生的违规、危险性行为有关，学校应当为学生的课间行为立下规矩，制定《学生课间行为准则》，并教育学生严格遵守。

6. 学校应当利用集会、班会、黑板报、橱窗专栏等，对学生进行课间安全教育，让其熟知《学生课间行为准则》的内容，并养成安全行为习惯。

★《学生课间行为准则》可包括如下内容：

①禁止在教室内追逐奔跑或做其他剧烈运动；

②进出教室要慢行，不拥挤、不使劲推门，防止撞到别人；

③进出厕所要慢行，不拥挤或推搡他人，禁止在厕所内外追逐、打闹、逗留；

④上下楼梯要靠右慢行，不拥挤，不推人、撞人，不并步，不跳步，不打闹；

⑤禁止做叠罗汉、斗鸡、背人等带有危险性的游戏；

⑥安全使用体育设施，在没有保护措施的情况下不要在秋千、双杠、平梯等设施上做危险动作，防止摔伤；

⑦禁止攀爬课桌、窗台、门、护栏、球架、围墙、树木等；

⑧禁止携带刀具、棍棒、针、火柴、打火机、鞭炮等危险物品及动物进学校；

⑨禁止从窗户往外扔东西或从高处往下扔东西；

⑩禁止向同学投掷课本、铅笔盒、椅子等硬物；

⑪禁止拿笔、刀、棍棒、雨伞头等尖锐物对着别人比画、挥舞；

⑫同学之间发生矛盾可及时向老师求助，禁止骂人、推搡他人、对他人突然使绊、打架斗殴；

⑬未经班主任批准不得出校门，禁止翻墙出校。

7. 学校应当建立课间巡逻制度，安排教师在危险区域值班巡逻，及时制止学生做出的危险性行为。

★ 课间休息时，在楼梯、厕所门口、室外体育器材摆放处、操场等容易发生安全事故的场所，学校应当安排教师值班巡逻，维持秩序。发现学生的行为具有危险性的，值班教师应当及时予以纠正、制止，并做好批评教育工作。

★ 在教室，可由班主任或任课教师负责维持安全秩序。

8. 为了丰富学生的课间生活，学校可向学生推荐、传授健康、安全、有益的课间游戏活动。

★ 学生的课间活动以适度、安全为原则，为了避免学生盲目地选择一些危险性较大的活动，学校可向学生推荐、传授一些安全的游戏活动，如“官兵捉贼”“手指拔河”“剪刀、石头、布”以及踢毽子、跳皮筋、玩魔方、下棋等，引导学生通过适当的方式来放松神经、养精蓄锐。

★ 在课间休息时，有条件的学校可以播放轻松优雅的背景音乐。经验表明，优雅的音乐可以营造出一种轻松、雅致的氛围，既能陶冶学生的情操，也能使学生心情放松、心境平和、动作得体。

第八节 学生集体外出活动安全规范化管理操作指南

情境再现

据媒体报道，9岁的张某是广东省东莞市某小学（以下简称学校）的一名学生。2011年5月10日，学校组织学生去东莞市某娱乐场游玩。上午11点许，张某在玩"海盗船"时，被"海盗船"的安全压杆压伤左手小指，送医院后，小指中节以上部分被切除。张某的家长与学校、卖票的东莞市某旅游信息咨询有限公司（以下简称某公司）、经营娱乐场的东莞市某旅游开发有限公司（以下简称游乐场）多次协商赔偿事宜，而三方均认为自己没有过错，不予赔偿。2011年8月，张某在家长的帮助下，将学校、某公司、游乐场告上法庭，要求三被告连带赔偿张某住院费、护理费、住院伙食补助费、伤残鉴定费、残疾赔偿金、精神损害抚慰金及交通费共计16.8万元，其中精神损害抚慰金15万元。法院经审理认为，游乐场作为娱乐场的经营管理者，应尽安全保障义务，而游乐场没有充分证据显示其在张某参与"海盗船"项目时履行了注意事项及风险的告知义务，操控人员也未在确保安全情况下打开安全杆，存在过错。学校没有在"海盗船"项目中陪同和监督，也没有证据显示其对学生进行过出游前的安全教育，也存在过错。某公司与游乐场之间是票务代理合作关系，与学校之间是票务售销合同关系，某公司只对门票的真伪及对应项目是否符合合同约定负有义务，故对事故不存在过错。据此，法院一审判决游乐场支付张某赔偿金合计11000多元（已扣减医疗费9000多元）；事故给张某确实造成了较大的心灵伤害，法院酌情认定精神损害抚慰金为8000元。学校对游乐场的上述赔偿责任的30%承担补充责任。

问题思考

1. 在学生集体外出活动中，哪些环节容易发生安全事故?
2. 学校组织学生参加集体外出活动，应当采取哪些安全防范措施?

法规依据

《中华人民共和国未成年人保护法》《中小学幼儿园安全管理办法》《学生伤害事故处理办法》

操作指南

（一）通则

1．学校组织的学生集体外出活动，通常包括春游、秋游、参观博物馆、观看演出、参加社会实践或社会调查活动等。由于学生活泼好奇、参加人数众多、活动环境开放、不可控因素聚集，此类活动往往存在着较大的安全风险，需要学校和教师事先采取周密的安全防范措施。

2．学生集体外出活动常见的安全事故，既有摔伤、磕伤、碰伤等个体伤害事故，也有火灾、拥挤踩踏、活动场地坍塌、交通事故、食物中毒等原因引发的群死群伤事故。

3．学校是学生集体外出活动的主办者、组织者，对参与活动的学生负有安全管理职责，一旦发生事故，校方往往需要承担民事赔偿责任，发生重大安全事故的，负有安全职责的学校有关人员还可能被追究行政责任甚至刑事责任。

（二）活动的选择和报批

4．学校应当谨慎选择学生集体外出活动，此类活动应当符合未成年学生的心理、生理特点和身体状况，有利于学生的健康成长。

5．学校不得组织学生参加下列活动：

（1）参加抢险等应当由专业人员或者成人从事的活动；

（2）参与制作烟花爆竹、有毒化学品等具有危险性的活动；

（3）参加商业性活动；

（4）在大风、大雾、雨雪等恶劣天气情况下参加集体外出活动。

6．在组织学生参加集体外出活动之前，学校应当按照规定向上级教育行政部门报批，并按照上级部门的要求采取相应的安全防范措施。

（三）活动前的安全检查与风险评估

7．在组织学生集体外出活动之前，学校应当事先安排有经验的干部和教师考查活动场所，对活动场地、行进路线、器材设备等进行安全检查。

★ 对于活动场地，学校应当重点就场地对未成年学生的适宜性、建筑物的结构及建造和使用年限、出入口、安全通道、照明设施、供电系统、消防设施、应急广播等进行安全检查，检查其是否符合国家的相关安全标准和安全规定，场地的所有者或管理者是否成立有专门的安全管理机构并采取了相应的安全防范措施。

★ 对于行进路线，学校应当考察沿途线路是否存在安全隐患，是否适合人数众多的未成年学生集体通行。

★ 对于学生集体外出活动可能接触的器材设备，学校应当检查其安全性能，查看是否存在质量缺陷、安全隐患。对于存在安全缺陷的器材设备，其所有者或管理者能否按照学校的要求予以维修或更换，以保证其合格、安全。

8．根据事前的安全检查情况，学校组织专门人员进行安全风险评估。经评估确认活动的场地、设备、管理存在安全隐患的，学校应当对学生集体外出活动的方案进行调整，或取消该项活动。

（四）出行交通工具的选择

9．组织学生集体外出活动，需要乘坐车辆的，学校应当租用公交公司或正规旅游公司的车辆，并与车辆的出租单位订立含有安全保障内容的正式合同，签订安全责任书，明确各自的安全责任。

10. 学校不得让学生乘坐无证、无照人员或无证、无照单位的车辆，不得借用、租用关系单位、共建单位和私人等无营运资质的车辆，否则师生安全将得不到保障。

11. 在学生乘坐的车辆上，应当安排教师作为随车照管人员，负责维护学生的乘车秩序，保证其乘车安全。

12. 学校组织学生开展体育活动，应当避开主要街道和交通要道；开展大型体育活动以及其他大型学生活动，必须经过主要街道和交通要道的，应当事先与公安机关交通管理部门共同研究并落实安全措施。

（五）安全宣传和安全教育

13. 在组织学生集体外出活动之前，学校应当向教师和学生的家长进行安全宣传和动员。

★ 对教师进行安全动员，让教师认识到学生安全的重大意义，强化其安全责任意识；

★ 事先告知学生家长外出活动的计划安排，提请家长配合学校对孩子进行相应的安全教育，切实履行家长的监护职责。

14. 在组织学生集体外出活动之前，学校应当对学生进行专门的安全教育。

★ 事前对学生进行安全教育，是学校组织学生集体外出活动不可或缺的重要环节。通过安全教育，增强学生的自我保护意识，提高其自我保护能力。

★ 学校应当教育学生在出行途中要排好队列、不得拥挤，遵守交通规则和乘车秩序，遵守活动场所的规章制度，听从管理人员和教师的指挥，不得打闹、推搡，不得脱离团队自行活动，发生紧急情况要立即向教师报告。

（六）成立安全工作机构，制定安全工作预案

15. 在组织学生集体外出活动前，学校应当按照规定成立临时性的安全工作机构，负责领导、组织该次活动的安全保障工作。

★ 在安全工作机构中，要安排足够的人手负责各个方面的安全工作，并

明确各个部门、各个成员的安全职责分工，落实安全工作岗位责任制和事故责任追究制，以确保活动的安全、有序进行。

16. 活动前，学校应制定该次活动的安全工作预案，预案应当重点涉及以下几个方面的内容：

（1）工作目标。

（2）安全管理组织机构、人员及职责分工。

（3）具体的安全措施。包括对活动场所、路线及相关设施设备的安全检查，安全出行的交通工具的落实，出行途中的安全防范，在目的地进行活动时的安全防范，安全教育的开展，安全工作的物质保障等。

（4）突发事件应急处理预案。预案应详细说明各种可能的突发事件发生之后，安全管理机构、各安全责任人将如何开展工作，包括对伤员的救助、现场的处理、活动的调整、事故的报告、与学生家长的联络等各方面所要采取的处理方案。

（七）活动过程中的安全管理和保护

17. 在活动进行过程中，负责安全工作的教师应当对学生加强教育、约束、管理和保护。

★ 带队教师应当关注每个学生的行踪，不让学生脱离团队自行活动，确保每个学生都处在教师的监管之下。

★ 对学生做出的危险性行为，教师应当及时给予纠正、制止和批评教育。

★ 在往返时的上车前、下车后，在离开目的地之前，以及在返校之后，带队教师均应当及时清点人数，防止学生遗落。

18. 特别需要注意的是，在队伍集合、解散的过程中，在学生上下车、进出场馆、上下楼梯、爬坡的过程中，教师一定要在现场进行疏导，保证学生的通行舒缓、有序进行，切忌一味求快，以防发生拥挤踩踏事故。

（八）突发事件应急处理

19. 在学生集体外出活动中，一旦发生突发事件，包括学生受伤、中毒、休克，以及发生火灾、交通事故、泥石流、地震等紧急情况，学校应当立即启动应急处理预案。

★ 按照程序，现场的教师应当立即对受伤学生采取包扎伤口、人工呼吸等紧急救援措施，或者立即将伤者送往医院救治，必要时应当安排专人及时向医疗、公安、交通、消防、卫生等部门紧急求助。

★ 如情况危急、活动不宜继续进行的，教师应当立即有序疏散学生，将学生带到安全地带，并做好安抚工作。

★ 发生安全事故后，学校应当按照规定及时向上级教育行政部门和其他相关部门报告，并根据上级的部署采取进一步的处理措施。

★ 同时，学校应当将发生的事故及时告知受伤学生的家长，通知其到医院陪护。

★ 在确保受害学生得到及时救护的前提下，学校还应当维护好事故现场，保留相关证据，配合有关部门进行事故调查，并做好善后处理工作。

★ 对于重大的安全事故，还必须坚持国家关于“四不放过”的原则（即事故原因未查清不放过、责任人员未处理不放过、有关人员未受到教育不放过、整改措施未落实不放过），妥善进行处理，全面改进学校的安全管理工作。

第九节 学校食品卫生安全规范化管理操作指南

情境再现

据媒体报道，2012年5月25日，青岛某中学发生一起学生集体性食物中毒事件，多名学生出现呕吐、腹痛、发热和腹泻等症状，陆续到医院就诊。经查，此次事件是由蜡样芽孢杆菌感染所致的群体性食物中毒，主要原因是学校食堂将前一天午餐所剩大米饭提供给学生食用。中毒事件发生后，事发学校食堂托管公司经理寇某、学校食堂厨师长许某被公安机关刑事拘留。青岛市食品安全委员会办公室对该校食堂托管单位某酒店管理服务公司的违规行为进行了行政处罚，责成学校与该公司解除合同。同时，青岛市市南区委、市政府对相关责任人分别给予行政纪律处分。同年12月17日，青岛市南法院对青岛某中学学生集体食物中毒案进行一审审判。法院以犯生产、销售不符合安全标准的食品罪，当庭做出宣判，判处寇某有期徒刑两年，并处罚金五千元；判处许某有期徒刑一年六个月，并处罚金四千元。

问题思考

1. 造成食物中毒的原因有哪些？
2. 学校应当怎样防范校园食物中毒事件的发生？

法规依据

《中华人民共和国食品卫生法》《餐饮服务食品安全监督管理办法》《学校卫生工作条例》《学校食堂与学生集体用餐卫生管理规定》《餐饮业和集体用餐

配送单位卫生规范》《学校食物中毒事故行政责任追究暂行规定》《中小学幼儿园安全管理办法》

操作指南

（一）通则

1. 学校食品安全问题，直接关系着师生的人身安危，涉及人数众多，社会影响重大。学校应当本着对学生、对社会高度负责的精神，严格按照国家规定，建立、健全学校食品卫生管理制度，保证师生的饮食安全。

2. 预防食物中毒的关键，是学校要严格执行《学校食堂与学生集体用餐卫生管理规定》《餐饮业和集体用餐配送单位卫生规范》的相关要求，在原材料采购、储存、加工、供应、餐具清洗、从业人员健康管理等各个环节严格遵守相关的卫生与安全操作规范，落实岗位责任制，不留任何安全“死角”。

（二）食品卫生安全的日常管理

3. 学校应当按照国家规定，建立食品卫生校长负责制，由校长作为食品卫生工作的总负责人和第一责任人，全面领导学校的食品卫生安全工作。同时，可安排一名副校长级领导负责主抓校园食品卫生的管理工作。

4. 为了监督、保证校园食品卫生各项制度的制定和落实，办有食堂的学校应当设立专职食品卫生管理员；未办有食堂的学校，其食品卫生管理员可兼职，但不得由加工经营环节的工作人员兼任。

★ 食品卫生管理员承担本单位日常性食品生产经营活动的卫生管理职责；

★ 根据《学校食物中毒事故行政责任追究暂行规定》，未建立学校食品卫生校长负责制或者未设立专职或兼职食品卫生管理人员的学校，一旦发生食物中毒事件，应当追究学校有关责任人的行政责任。

5. 学校的食堂应当取得食品药品监督管理部门颁发的餐饮服务许可证，未取得餐饮服务许可证的学校不得开办食堂。

6. 学校的食堂原则上不应对外承包经营，特别是不能由个人承包经营；有条件的，学校可委托有资质的大型连锁餐饮企业托管，并把食品卫生安全作为承包（托管）合同的重要指标，督促承包方（托管方）加强食品卫生安全管理，防止发生食品安全事故。

★ 承包方应当是依法设立的餐饮经营企业，经营时间需达到一定年限，此前所经营的餐饮服务卫生量化分级考评应达到B级以上。学校不得将食堂承包或委托给不具备资质的单位或个人经营管理。

★ 学校应当尽可能通过公开招标的方式来选择承包方。对于拟承包或托管学校食堂的餐饮经营企业，学校可从经营管理水平、技术水平、社会信誉、制度建设、服务质量、从业人员的素质和健康状况以及服务承诺等方面进行考察、比较，通过招标择优选定承包方。

★ 学校应当与承包方依法签订学校食堂承包合同。承包合同应当详细约定承包方的义务、责任，特别是应当对食品安全卫生制度的建立及落实、服务质量、发生食品安全事故后的责任承担方式、合同的解除条件（如一旦承包方违反合同约定，发包方即有权解除合同）等方面的内容做出明确的约定。

★ 在承包方经营学校食堂的过程中，学校应当对食堂的食品卫生安全加强监督和管理。任何时候学校都不应当放弃对食堂的监管职责，而应当积极管理、检查、督促承包方依法、依约履行食品卫生安全责任，确保师生的饮食安全。

7. 向外订购集体用餐的学校，负责食品安全的学校领导或食品安全管理员应当对生产经营者（集体用餐配送单位）的资质进行严格审查，确保经营者具有工商部门颁发的营业执照（副本上应当记载其上一年度已经通过年检）和食品药品监督管理部门颁发的餐饮服务许可证，并符合国家规定的其他条件；在订购学生营养餐时，学校还应确认经营者的餐饮服务许可证注有“学生营养餐”的许可项目。

★ 学生集体用餐必须当餐加工，不得订购隔餐的剩余食品，不得订购冷荤凉菜食品；

★ 学校应严把供餐卫生质量关，要按照订餐要求对供餐单位提供的食品进行验收。

8. 办有食堂的学校，应当按照国家规定，针对食品生产经营活动的各个环节、各个方面建立相应的规章制度，落实岗位责任制，并严格予以执行。

★ 这些规章制度具体包括：

①原材料采购索证登记制度；

②库房卫生管理制度；

③粗加工及切配卫生制度；

④烹调加工卫生制度；

⑤餐具清洗消毒制度；

⑥食堂、餐厅清洁卫生制度；

⑦食品留样制度；

⑧从业人员健康体检制度及卫生知识培训制度等。

（三）建立食堂安全保卫制度

9．学校应当对食堂采取严格的安全保卫措施，严禁非食堂工作人员随意进入食堂的食品加工操作间及食品原料存放间，还应管理好学生就餐场所，杜绝无关人员接触学生食品，防止投毒事件的发生。

★ 严禁非食堂工作人员随意进入学校食堂的食品加工操作间和食品原料存放间；

★ 食堂各个功能间的安全应当由专人负责，下班时应当锁好食堂门；

★ 食堂钥匙不得转交给非工作人员，如需维修等，必须报学校总务处批准并由专人在现场监管；

★ 食堂工作人员上班时应检查食堂门锁是否有撬过的痕迹，食堂内水池、调味罐等是否有异味，发现异常应立即向领导汇报；

★ 每日饭菜、开水烧好后，最好先由专人试尝、试喝，确保安全后再向师生提供；

★ 有条件的学校，还应尽可能在食堂门口安装监控设备，对食堂的安全加强监控。

（四）制定食物中毒应急处理预案

10．为了增强学校处理突发性师生集体食物中毒事件的应急能力，最大限度地保护师生的生命健康，学校应当根据国家的有关规定并结合本校的实际情况，制定食物中毒应急处理预案。预案应当包括以下几个方面的内容。

（1）工作目标。

（2）组织机构，包括领导机构、职能部门、职责分工等。

（3）应急保障，包括物质、信息、人员、资金等方面的保障。

（4）应急处置办法。应急处置办法应当详细陈述发生食物中毒事件后，学校将要采取的应急处理措施。

（五）食物中毒发生后的应急处置办法

11．发生学生中毒事件后，学校应当立即启动应急预案，采取如下应急措施：

（1）停止供餐。一旦有学生出现食物中毒症状或食源性疾病症状，学校应立即停止向学生供餐。

（2）迅速上报。发生食物中毒事件后，学校应当在第一时间上报上级教育行政部门，并向卫生部门报告。

（3）组织救助。发现师生出现食物中毒症状或食源性疾病症状后，学校应当立即将受害者送往医疗机构救治，协助、配合医疗机构开展救治工作。

（4）通知家长。学校应让家长及时了解孩子的病情，让其尽快到医院陪护、照顾孩子。

（5）保留证据、维护现场。学校要保留可疑食品及其原料、工具、设备，维护好现场，绝不能故意清理现场、销毁证据。

（6）配合调查。食物中毒事故发生后，学校应积极配合上级部门以及卫生监督部门进行事故调查，按其要求提供有关材料和样品，如实回答相关询问。

（7）控制事态。学校应积极落实上级部门以及卫生部门要求采取的相关措施，把事态控制在最小范围内。

（8）后续整改。事发后，学校应当总结教训，并根据卫生行政部门或教育行政部门提出的整改意见，按时进行整改，避免再次发生食物中毒事件。

附：食物中毒的分类和判断标准

食物中毒的情形比较复杂，原因各不相同，根据导致食物中毒的病原物质的不同可分为三类：细菌性食物中毒、有毒的动植物中毒、化学性食物中毒。

（1）细菌性食物中毒

指由于进食被细菌或其细菌素污染的食物而引起的食物中毒。主要是因食物在制作、储存、出售过程中处理不当被细菌污染所引起的，例如生熟交叉感染、食品储存不当而引起变质、食品未烧熟煮透、食品从业人员带菌污染了食品而引发的食物中毒。容易被细菌污染的食物包括肉、鱼、蛋、奶制品、米饭等。在细菌性食物中毒中，最为常见的细菌是沙门氏菌和金黄色葡萄球菌，其次是蜡样芽孢杆菌。细菌性食物中毒是校园食物中毒中最常见的、发病率最高的一类食物中毒，多发生在夏秋季节。

（2）有毒的动植物中毒

指误食有毒的动植物，或者食用了因加工烹调的方法不当而没有除掉有毒成分的动植物食物而引起的中毒，例如因误食毒蘑菇、有毒的河豚而导致的食物中毒，或者因四季豆、扁豆、菜豆等加热温度、时间不够而引发的食物中毒。常见的有毒植物中毒，如误食毒蘑菇、发芽的马铃薯、生豆浆、生四季豆、蓖麻子而引发的食物中毒。常见的有毒动物中毒，如误食河豚、动物的甲状腺及肝脏而引起的中毒。卫生部的统计数据表明，有毒的动植物中毒是致死人数最多的一类食物中毒。

（3）化学性食物中毒

指误食有毒化学物质，例如误食有毒的金属、非金属、鼠药、农药、亚硝酸盐等，或者吃了被这些有毒化学物质污染的食物而引起的中毒。常见的化学性食物中毒包括有机磷引起的食物中毒、亚硝酸盐食物中毒、砷化物引起的食物中毒等。一旦不慎食用了农药未洗净的蔬菜、水果，或者误用盛装化学毒物或被污染的容器来盛装食品或饮料，或者误将化学毒物当作调味剂或食品添加剂，都有可能引发化学性食物中毒。化学性食物中毒的一大特点是，它的潜伏期相当短，大多数人在食用后几分钟内即出现恶心、呕吐、腹泻、腹痛、流口水、呼吸困难、痰多等症状。

一般而言，判断食物中毒的主要标准包括：

（1）在短期内出现大量症状相同的病人；

（2）中毒病人在相近的时间内均食用过某种共同的中毒食品，未食用者不发病，发病者均是食用者；

（3）停止供应和食用这些食品后，不再出现新的病例。

发生食物中毒后，患者身上的主要症状包括：

（1）大多以急性胃肠道症状为主，例如都表现出恶心、呕吐、腹痛、腹泻的症状，有的还出现发热、视力模糊、呼吸困难等症状；

（2）发病的潜伏期很短，一般由几分钟到几小时，疾病来势凶猛；

（3）病人发病后，不会直接传染给他人，人与人之间不具有传染性。

第十节　学校卫生防疫规范化管理操作指南

情境再现

据媒体报道，2010年4月6日，广东省东莞市疾控中心接到群众报告称，东莞市某幼儿园近期出现多例手足口病病例。其后，市疾控中心立即要求南城医院对该情况进行初步调查核实。4月7日上午，市卫生局又派出市疾控中心专业技术人员和南城医院防疫人员会同南城科教办对该幼儿园的疫情进行进一步的调查处理。根据调查结果，市卫生局认为该幼儿园发生了一起手足口病聚集性疫情。据悉，截至3月30日，该幼儿园出现手足口病病例5例，所有病例均为轻症病例，无重症或死亡病例。5名患儿病情均已好转，疱疹已结痂，在家休息。目前该幼儿园已在全面消毒中，没有停课。按照程序，教育部门内部将对该幼儿园瞒报病例进行处理，卫生部门也会按照《中华人民共和国传染病防治法》对其进行处罚。记者了解到，在其他地区，瞒报疫情的幼儿园和学校，都被处以停止办学的处罚。

问题思考

1. 国家对学校和托幼机构的传染病疫情报告工作是怎样规定的？

2. 传染病传播和流行的三个基本环节是什么？学校如何建立健全传染病的防范与应急处理制度？

法规依据

《中华人民共和国传染病防治法》《疫苗流通和预防接种管理条例》《学校卫生工作条例》《中小学幼儿园安全管理办法》

操作指南

（一）通则

1. 中小学生是多种传染病的易感人群，而学校又是一个人员流动频繁的公共场所，因而很容易成为传染病的集散地。传染病一旦在学校爆发和流行，有可能会迅速波及社会，造成严重的突发公共卫生事件，危害极大。

2. 学校常见的传染病主要有两类：一类是呼吸道传染病，包括流感（含甲型H1N1流感）、腮腺炎、水痘、麻疹、风疹、肺结核等，多发于冬春季节；另一类是肠道传染病，包括痢疾、伤寒和副伤寒、甲肝、手足口病等，多发于夏秋季节。

3. 做好学校的传染病预防和控制工作，对于保护学生的身心健康和生命安全、维护学校的正常教育教学秩序、维护社会的和谐稳定都有重大意义。

（二）传染病的平时预防

4. 学校要把传染病防治纳入校园安全管理工作之中，成立传染病防控领导小组，指派专人（如校医、保健教师）负责具体开展学校传染病防控工作，建立、健全相关制度。

5. 积极开展爱国卫生运动，保持校园环境的卫生、整洁，定期对校园环境、设施、设备进行消毒，消除传染病发生和流行的条件。

★ 实行校园环境卫生划区管理，明确保洁职责，并做好检查、评比工作。对教室、宿舍、食堂、厕所、办公室、图书馆以及主要道路等校内场所要尽量做到每天一小扫、每周一大扫，以保持校园环境干净、整洁，拒绝任何卫生死角。

★ 特别要做好校园厕所、垃圾的卫生管理工作，防止蚊、蝇、蛆的滋生，粪便要进行无害化处理，垃圾存放处应防渗漏，以防污染环境和水源。

★ 定期对教室、宿舍、办公室、图书馆以及各种功能教室等人员密集的场所进行消毒，并加强通风换气，保持室内空气流通、温度适宜，保证室内“微小气候”符合卫生要求，预防呼吸道传染病的发生。

6. 做好校园食品和饮用水的卫生安全管理工作。

★ 学校应当严格遵守《中华人民共和国食品安全法》《学校食堂与学生集体用餐卫生管理规定》等法律法规的规定，建立、健全校园食品卫生安全管理制度，保障在校学生的饮食安全。

★ 学校应当按照《学校卫生工作条例》以及《国家学校体育卫生条件试行基本标准》的要求，为学生提供充足、取用方便、符合卫生标准的饮用水，加强对生活饮用水水源的管理，防止饮用水污染事故和水源性传染病的发生。

7. 严格落实学生晨检制度和因病缺勤病因追查与登记制度。

★ 学校教师每天要统计学生的缺勤情况，了解缺勤的原因，发现学生请病假的，要追查病因，并做好登记和上报工作。

★ 在传染病高发季节，学校要建立晨检制度，一旦发现传染病病人或疑似病人，应当立即向教育行政部门和卫生部门报告，组织学生及时就医，并做好隔离和消毒工作，防止疫情扩散。

8. 定期对学生开展传染病防治的宣传教育工作。

★ 学校要利用班会、队会、讲座、板报、广播、告家长书以及健康教育课等多种渠道，向学生宣传常见传染病的危害以及防治知识，提高学生的卫生防病意识和自我保护能力。

★ 平时，教师要注意培养学生良好的个人卫生习惯，让学生做到勤洗手、勤理发剪指甲、勤换衣被、不随地吐痰、多饮开水、多吃清淡食物等。

9. 依法开展预防接种活动。

★ 疫苗接种是控制传染病暴发的最有效的手段之一，学校要按照《中华人民共和国传染病防治法》《疫苗流通和预防接种管理条例》的规定，协助防疫部门做好学生的预防接种工作，严格查验学生计划免疫接种证，对无证或未完成国家规定疫苗接种的学生，要督促其到接种单位补证或完成接种。

10. 加强对入学儿童的预防接种证查验工作。

★ 学校应当按照《疫苗流通和预防接种管理条例》和《卫生部、教育部关于做好入托、入学儿童预防接种证查验工作的通知》的要求，将查验预防接种证纳入儿童入学的报名程序，在“报名须知”中明确告知儿童家长关于查验预防接种证的要求和国家免疫规划要求接种的疫苗种类，并要求没有预防接种证或未按国家免疫规划接种疫苗的儿童，在入学前应到居住地的接种单位补办或补种。

（三）出现疫情时的防疫措施

11. 控制传染源。

★ 发现师生中出现传染病病例或疑似病例后，学校要立即将患者隔离，按各种传染病的隔离期限责成患者住院或居家进行隔离治疗，同时在第一时间上报教育行政部门和卫生部门，做到早发现、早报告、早隔离、早治疗。

★ 学校还应对患者接触过的人员（包括学生、教师）进行随访，并配合当地政府和卫生行政部门采取必要的隔离观察措施。

★ 学生患传染病病愈后，须持医院出具的无传染性的证明以及有关化验单，经学校确认后方可复课。

12. 切断传播途径。

★ 当疫情发生后，学校要组织专人对校园环境、相关设施以及空气进行消毒，并做好教室、宿舍、实验室、图书馆、食堂和厕所等人员密集场所的开窗通风工作，保持室内空气流通。

★ 此外，还应暂停组织室内场所的大型集体活动（主要针对呼吸道传染），控制或切断可疑水源（主要针对肠道传染病）。

13. 保护易感人群。

★ 当有疫情发生时，易感人群、密切接触者可在疾病预防控制机构的指导下进行服药或接种疫苗，以提高人群的免疫力。

★ 学校还应督促学生加强体育锻炼，保证充足的睡眠，以增强自身的抵抗力。

14. 学校应当按照卫生部、教育部发布的《学校和托幼机构传染病疫情报告工作规范（试行）》的要求，建立由学生到教师、到学校疫情报告人、到学校领导的传染病疫情发现、信息登记与报告制度。当出现符合规定的报告情况时，学校疫情报告人应当以最方便的通信方式（如电话、传真等）向属地疾病预防控制机构（农村学校向乡镇卫生院防保组）报告，同时向属地教育行政部门报告。

附：传染病的特征与识别

传染病是指由病原体（如病菌、病毒、寄生虫等）引起的、能在人与人之间或者人与动物之间传播的疾病。与非传染病（如龋齿、心脏病、癌症等）相比，传染病的最大特点是具有传染性、流行性。

《中华人民共和国传染病防治法》将全国发病率较高、流行面较大、危害严重的三十多种急性和慢性传染病列为法定管理的传染病，并根据其传播方式、速度及其对人类危害程度的不同，分为甲、乙、丙三类，实行分类管理。

（1）甲类传染病指：鼠疫、霍乱。国家对甲类传染病实行强制管理。

（2）乙类传染病指：传染性非典型肺炎、艾滋病、病毒性肝炎、脊髓灰质炎、人感染高致病性禽流感、麻疹、流行性出血热、狂犬病、流行性乙型脑炎、登革热、炭疽、细菌性和阿米巴性痢疾、肺结核、伤寒和副伤寒、流行性脑脊髓膜炎、百日咳、白喉、新生儿破伤风、猩红热、布鲁氏菌病、淋病、梅毒、钩端螺旋体病、血吸虫病、疟疾、甲型H1N1流感。国家对乙类传染病进行严格管理。

（3）丙类传染病指：流行性感冒，流行性腮腺炎，风疹，急性出血性结膜炎，麻风病，流行性和地方性斑疹伤寒，黑热病，包虫病，丝虫病，除霍乱、细菌性和阿米巴性痢疾、伤寒和副伤寒以外的感染性腹泻病，手足口病。国家对丙类传染病实行监测管理。

人类的传染病种类很多，按照传播途径的不同，可以分为四大类：呼吸道传染病、消化道传染病、血液传染病和体表传染病。

（1）呼吸道传染病

呼吸道传染病是指病原体侵入呼吸道黏膜以后所引起的传染病，包括流行性感冒、白喉、百日咳、猩红热、肺结核、流行性腮腺炎、麻疹水痘和流行性脑脊髓膜炎等。

（2）消化道传染病

消化道传染病是指病原体侵入消化道黏膜以后所引起的传染病，包括细菌性痢疾、甲型肝炎、伤寒、蛔虫病和蛲虫病等。

（3）血液传染病

血液传染病是指通过血液或节肢动物（如蚊、虱、蚤、蜱等）为媒介所引起的传染病，包括艾滋病、乙型肝炎、丙型肝炎、疟疾、流行性乙型脑炎、黑热病、丝虫病和流行性出血热等。

（4）体表传染病

体表传染病是指由于直接或间接与患病的人、动物接触，或者与含有病原体的土壤、水接触，病原体经过皮肤进入人体所引起的传染病，又叫接触传染病，包括狂犬病、炭疽、破伤风、血吸虫病、沙眼、疥疮和癣等。

传染病的传播和流行必须具备三个基本环节：传染源、传播途径和易感人群。这三个环节必须同时存在，才能造成传染病流行，缺少其中任何一个环节，新的传染就不会发生，传染病就不可能流行起来。根据这一特点，传染病控制的基本原则应当包括三条：管理和控制传染源，切断传播途径，保护易感人群。

（1）传染源，是指体内带有病原体，并不断向体外排出病原体的人和动物。

（2）传播途径，是指病原体离开传染源到达健康人所经过的途径。传染病的传播途径主要有四种：空气传播、饮食传播、接触传播和生物媒介传播。

（3）易感人群，是指对某种传染病缺乏免疫力，而易受感染的人群。

第十一节　学校消防安全规范化管理操作指南

情境再现

2008年11月某日清晨，上海某学院一学生宿舍楼某宿舍发生火灾，因烟火过大，四名女生在消防队员赶到前从六楼宿舍阳台跳楼逃生，不幸全部遇难。火灾的原因系前夜有学生使用“热得快”电热器，宿舍熄灯断电后该学生将“热得快”放在床板上，但没有拔下电源插销，次日清晨送电后，“热得快”空烧引燃周围可燃物。据悉，该女生寝室着火后，有两名女生先是呼救，并试图用脸盆到水房打水灭火，但回来后发现房门已无法打开。火势迅速蔓延，尚在室内的其他四名女生情急之下跑到阳台处。后因火势越来越大，她们先后从六楼坠下，全部遇难。

问题思考

1. 为了防范火灾事故，学校应当如何对学生开展用火、用电及火场逃生的安全教育？

2. 学校应当如何建立健全消防安全管理制度？

法规依据

《中华人民共和国消防法》《机关、团体、企业、事业单位消防安全管理规定》《中小学幼儿园安全管理办法》

操作指南

（一）通则

1．学校的教学楼、图书馆、食堂以及学生集体宿舍等场所都属于消防意义上的人员密集场所，一旦发生火灾，很容易酿成群死群伤事件，给师生的生命财产安全造成重大损失。

2．学校应当严格按照国家的有关规定，建立、健全校园消防安全管理制度，预防火灾和减少火灾的危害。

（二）消防安全的整体布局

3．在校园建筑、场地的新建、改建、扩建过程中，建设、设计、施工、监理单位均应严格遵守《建筑设计防火规范》和《高层民用建筑设计防火规范》的规定，保证学校的整体消防安全布局、学校建筑物内部消防安全设计符合前述两个国标文件的要求，保证建筑物耐火等级、疏散楼梯、安全出口、防火分区、防火间距、防火门、消防车道、消防给水以及灭火设施等各方面的消防设计都符合相关指标规定。

4．对于校园新、改、扩建设项目，建设单位应当遵守《中华人民共和国消防法》中关于消防设计审批以及工程竣工后消防验收的规定，建设工程的消防设计未经公安机关消防机构审核或审核不合格的，不得施工；建设工程竣工后未经公安机关消防机构消防验收或者消防验收不合格的，不得投入使用。

5．校园建筑内部应当按照规定配备各种消防设施、器材，包括火灾自动报警系统、自动喷水灭火系统、防烟排烟系统、消火栓系统、应急照明、疏散指示标志、灭火器等。

★ 当火灾发生时，在专业消防队员到来施救之前，消防设施、器材是人们灭火、自护和逃生的武器，对人们及时发现火情、初期灭火、预防中毒、安全疏散和紧急逃生起着至关重要的作用。

①火灾自动报警系统：当建筑物内出现火情，室内达到一定温度（高温）、出现浓烟等现象时，火灾自动报警系统就会发出火灾警报信号，从而引导人们快速采取灭火、疏散等措施。

②自动喷水灭火系统：由洒水喷头、报警阀组、水流报警装置等组件以及管道、供水设施组成，能在发生火灾时自动喷水灭火。

③防烟排烟系统：能在火灾发生时防止火灾烟气蔓延扩大，并将烟气排至建筑物外。

④消火栓：扑救火灾的重要供水装置，一旦发生火灾，消防人员可在消火栓上接入水带，取水灭火。

⑤应急照明：当正常照明的电源发生故障时（如因火灾而导致突然断电），应急照明灯能够有效地提供照明和显示疏散通道。

⑥疏散指示标志：一般由指示疏散通道方向的标志和指示疏散出口的标志组成。当发生火灾时，在应急照明灯的照明之下，人们沿着疏散指示标志指明的方向逃离，可以逃生到安全的地方。

⑦灭火器：灭火器可以分为很多种类，每一种类的灭火器适合用于扑救的火灾种类也不尽相同，学校应当配备与建筑场所相适应的灭火器。

泡沫灭火器，主要适用于扑救各种油类火灾和木材、纤维、橡胶等固体可燃物火灾。

干粉灭火器，主要适用于扑救各种易燃、可燃液体和易燃、可燃气体火灾，以及电器设备火灾。

二氧化碳灭火器，主要适用于扑救各种易燃、可燃液体和可燃气体火灾，还可扑救仪器仪表、图书档案和低压电器设备等的初起火灾。

（三）日常消防安全管理

6. 学校平时应当加强对消防设施、器材的管理、维护和保养工作，定期安排专门人员对其进行检查，发现损坏或过期的，应当及时维修或更换，保证其处于正常效用状态，并防止任何单位、个人损坏、挪用或者擅自拆除、停用消防设施、器材。

7. 平时，学校应当保障教学楼、学生宿舍等校园主要建筑的疏散通道、安全出口畅通无阻。

★ 火灾发生时，疏散通道、安全出口如同被困人员的“生命通道”，其重要性不言而喻。

★ 一切可能影响发生火灾时人员疏散、逃生的障碍，都应当坚决予以排除。

★ 学校或其举办者应当保证多层教学楼、多层宿舍楼至少有两部楼梯，楼道和楼梯不得被占道或堆放杂物，以免影响通行。

★ 教室以及居住人数较多的学生集体宿舍，应当有两个门，不得设置门槛或其他障碍物，并且在学生上课或者住宿休息期间，门应当处于可以开启的状态。

★ 教室或宿舍的窗户上不应当安装可能阻碍火灾时逃生的防护栏和防护网。

★ 楼房的安全出口不得封闭或上锁，应随时处于开启或可以开启状态，并且出口处不得设置门槛、台阶。

★ 疏散通道上应当安装应急照明灯，当发生火灾时，在正常照明电源被切断的情况下，该应急照明灯应当能够自动切换到使用状态。

★ 在疏散门、疏散通道和安全出口的正上方，应当安装、悬挂安全疏散指示标志。

8. 学校应当建立用火、用电安全管理制度，对校园内的用火、用电行为进行规范和约束，防止因为不安全的用火或用电行为而引发火灾事故。

（1）防止不安全的用火行为引发火灾。

★ 严格遵守消防规定，加强对工程用火、食堂用火、实验室用火的安全管理。

★ 制止学生携带火源、易燃易爆物品进校。

★ 禁止学生在宿舍抽烟、点蜡烛、点蚊香、使用灶具做饭、焚烧废旧物品、存放易燃易爆物品等危险性用火行为。

（2）防止不安全的用电行为引发火灾。

★ 学校应当定期对电源线路进行安全检查，对陈旧老化的线路要及时进行整改、更新和升级，保证其能够满足学校的正常教学、生活需要。

★ 对学生开展安全用电知识教育，加强对学生违规用电行为的查处力度，让学生学会合理、正确用电，杜绝私接乱拉电线、使用大功率电器和劣质电器、将台灯靠近可燃物、人走不关电等危险性用电行为。

9. 对教学用的易燃易爆危险品，学校应当按照规定建立严格的安全管理制度，对其购买、保管、使用、登记和注销等环节实行严格的消防安全管理，防止因保管或使用不当而发生火灾或爆炸事故。

10．对师生开展消防安全教育，并按规定定期组织师生进行灭火以及安全疏散方面的演习，让师生切实掌握灭火以及逃生自救的基本技能。

11．落实消防安全责任制，建立学校消防安全常规制度。

（1）学校应当根据本单位的实际情况，落实逐级消防安全岗位责任制。各岗位的安全责任人要做到“五知”“三会”。

★“五知”，即知本岗位的火灾危险性、知本岗位的防火措施和制度、知本单位的防火责任人及消防专干或兼干、知火警电话“119”以及知灭火基本方法措施。

★“三会”，即会报火警、会使用各种灭火器材以及会组织人员疏散。

（2）学校应按照国家有关规定并结合本校的特点，建立、健全各项消防安全制度。

★ 这些制度包括：

①消防安全教育、培训；

②防火巡查、检查；

③安全疏散设施管理；

④消防（控制室）值班；

⑤消防设施、器材维护管理；

⑥火灾隐患整改；

⑦用火、用电安全管理；

⑧易燃易爆危险物品和场所防火防爆；

⑨学校义务消防队的组织、管理；

⑩灭火和应急疏散预案演练；

⑪燃气和电气设备的检查和管理（包括防雷、防静电）；

⑫消防安全工作考评和奖惩等。

（四）火灾事故应急预案

12．为了确保发生火灾时各项应急工作高效、有序地进行，最大限度地减少人员伤亡和财产损失，学校还应当制定校园火灾事故应急预案。预案的内容应当包括组织机构与职责、应急响应措施、善后处理等方面的内容。

★ 组织机构与职责

此部分应当规定指挥系统及其职责、通信联络组及其职责、疏散引导组及其职责、消防灭火组及其职责、人员救助组及其职责等方面内容。

★ 应急响应措施

此部分应当详细规定火灾发生后的报警、扑灭初起火源、人员疏散、伤者抢救等方面的措施内容。

例如在预案中可以规定，一旦发生火灾，学校应采取如下应急处置措施：

①发现火情时，若火势不大，现场人员要迅速利用室内的消防器材控制火情。若火势较大，个人无把握将火扑灭时，要立即引导室内的学生有序疏散，并迅速采取紧急措施。同时，立即向学校领导报告，并拨打“119”报警电话。学校应急组织机构的总指挥、现场指挥及学校其他校级领导应立即赶赴现场，预案各专业组人员按照职责分工迅速到位，组织安全疏散人员、物资和灭火扑救工作。

②消防灭火组接到报警后，应立即赶赴着火现场，根据预案或现场指挥领导的指令，利用学校的消防器材进行扑救灭火，尽可能扑灭初期火灾。若无法控制，则设法隔离火源，关闭门窗，切断电源，防止火势蔓延，并紧急脱身避险，等待专业消防人员来灭火，并予以辅助和配合。

③疏散引导组接到报警后，应立即赶赴着火现场，根据预案或现场指挥领导的指令，疏通紧急疏散通道，组织、引导学生沿火灾蔓延的相反方向，迅速而有序地疏散到学校操场或其他安全地带。

④医疗救护组接到报警后，应立即赶赴着火现场，对火灾中受伤的师生进行紧急处理和救护，必要时及时拨打急救电话或者将伤员送往医院抢救。

⑤通信联络组接到报警后，应立即投入工作，负责与灭火、疏散、救护等各应急小组联络，通过校园广播或其他方式，调动有关人员到指定地点，及时准确地将各种指令、情况及信息上传下达。

⑥后勤保障组接到报警后，应按照预案或指挥员的指令，迅速调集准备灭火所需物资、设备，为完成灭火、疏散、救护任务提供必要的支持和保障。

★ 善后处理

此部分应当规定事故调查、事故处理、事故通报等方面的内容。

第十二节　学校交通安全规范化管理操作指南

情境再现

据媒体报道，2012年3月中旬的一周内，银川市某小学门前发生两起致学生受伤的交通事故。3月12日，杜某驾驶一辆小货车沿该小学门前路段行驶时，和一步行的8岁男生发生碰撞，致男生左腿骨折。3月19日7时18分许，王某驾驶一辆私家车沿该小学门前路段行驶时，将一骑电动车的16岁女生撞倒致伤。银川市某区交警一大队相关领导介绍说，个别驾驶员无视校园周边注意儿童的警示标志，在行经学校区域时，无减速缓行、礼让行人意识，遇突发情况避之不及，加之措施不当，是造成交通事故发生的直接原因之一。另外，学校放学时间较为集中，大批学生涌上路面，随意占用机动车道，而个别提前到校学生随意横穿道路，在等待学校开门时肆意在马路上玩耍，也是诱发交通事故的原因之一。

问题思考

1. 在学生上下学期间，学校应该如何做好校门口交通安全秩序的维护工作？

2. 学校平时应当对学生开展怎样的交通安全教育？

法规依据

《中华人民共和国道路交通安全法》《中小学幼儿园安全管理办法》

操作指南

（一）通则

1. 在我国，交通事故已经成为中小学生意外伤亡的第一“杀手”。儿童交通安全意识薄弱是事故频发的主要原因，家长监护不到位则是事故发生的重要“推手”，教育、公安交通管理部门安全教育不足、监管不力也是事故诱因之一。

2. 保护学生免受交通事故的伤害，是家庭、学校、社会的共同责任，学校应当对学生加强交通安全教育，并在力所能及的范围内建立、健全保护在校未成年学生交通安全的相关管理制度。

（二）学校交通安全管理常规

3. 配备校车的学校，应当按照规定取得校车使用许可；校车驾驶人应当取得校车驾驶资格；校车上应当配备随车照管人员，跟车保护学生的乘车安全。

★ 配备校车的学校，应当依法建立严格的校车安全管理制度。

★ 学校或校车服务提供者应当按照《校车安全管理条例》的规定，使用符合相关国家标准的校车，并按规定申请校车使用许可，获得校车标牌。

★ 校车驾驶人应当按照规定取得校车驾驶资格（其机动车驾驶证上应当有本地区县公安交通管理部门签注的“准许驾驶校车”的字样），并严格按照机动车道路通行规则和驾驶操作规范安全驾驶、文明驾驶。

★ 在校车接送学生的过程中，学校还应当按照规定建立专人跟车管理制度，指派照管人员随校车全程照管乘车学生，保证学生的乘车安全。

4. 未配备校车的学校，应当配合有关部门做好对学生上下学接送车辆的监管工作。

★ 学校应当专门对学生家长开展交通安全教育，提醒家长提高安全意识和监护人责任意识，不要让学生乘坐拼装车、报废车、农用车、低速载货汽车、三轮汽车、拖拉机等非法营运车辆上下学，不让学生乘坐超员、超速、酒后驾驶、驾驶证与准驾车型不符等违法校车。

★ 平时，学校应当逐一对本校学生上下学乘坐车辆的情况进行全面了解，并根据上级教育行政部门及公安交通管理部门的要求，做好相关情况的信息统计和上报工作；发现有家长租用社会非法营运车辆接送学生上下学情况的，要予以劝阻，并按照规定通报相关部门，积极配合有关部门做好学生上下学接送车辆的监管工作，确保学生上下学的交通安全。

5. 为了防范车辆在学校内违规停靠、行驶造成安全事故，学校应当建立校内道路交通及车辆安全管理制度。

（1）限入——学校应当严格控制机动车辆进入校园。

★ 在学生上学期间，外来车辆原则上一律不得进入校园。

★ 本校的车辆及教职工的个人车辆确需进入校园的，学校应当统一进行登记和管理，并加强对教职工的安全行车教育，要求其按照固定的安全路线行驶，并将车辆统一停放在指定的位置，确保不会对学生的安全构成威胁。

（2）限行、限停——学校应当禁止各类机动车辆（包括外部车辆、本校车辆及教职工的个人车辆）进入校园的教学区和生活区。

★ 外来车辆因情况特殊确需进入校园的，应当事先取得学校管理人员的同意，并按照指定的路线行驶，远离学生的学习和活动区域，限速为5千米/小时，并禁鸣喇叭。

★ 严禁各类机动车辆停放在操场或教学楼、宿舍、食堂的门口及周边等学生学习和活动的主要区域。

（3）禁办对外停车业务——学校不得出租校内场地停放校外机动车辆，不得利用学校用地建设对社会开放的停车场。

6. 在平时学生上下学期间，学校应当做好校门口的交通安全秩序的维护工作。

★ 校门口的交通安全形势比较复杂的，学校应当主动提请有关部门根据《中华人民共和国道路交通安全法》的规定，在学校门前的道路设置行人过街设施，或者施画人行横道线，设置提示标志。

★ 校门口紧邻主要街道或交通主要干道、交通环境较为复杂的，学校应当提请有关部门设立“护学岗”，在学生上下学的高峰期安排民警到学校门前路段维持交通秩序。

★ 在学生上下学时间，学校应当安排有经验的教师到校门口值班，负责疏导通行秩序，保护学生的人身安全。

7．学校不得组织学生在主要街道和交通要道开展体育活动或其他群体性活动。

★ 学校应当严格遵守国家的有关规定以及《教育部关于加强学校体育活动安全防范工作的紧急通知》的要求，将学校早操、跑步等体育活动尽量安排在校园内进行，严禁组织学生在主要街道和交通要道上进行集体跑步等体育活动。

★ 学校对体育活动时间要合理安排，校内活动场地不足的，要采取错开体育活动时间、开展不同形式的活动内容等措施予以解决，寄宿制学校要合理安排早操时间。

★ 农村学校如确因体育场地欠缺，只能安排在校外开展体育活动的，可以选择在附近的安全场所内进行，并且应避开交通要道，选择适宜的路线和场所，并制订周密计划，确保学生的生命安全。

★ 学校开展大型体育活动以及其他大型学生活动，必须经过主要街道和交通要道的，应事先征得公安交通管理部门的同意和支持，并采取必要的安全防护措施。

8．学校应当把对学生的交通安全教育作为日常法治教育、安全教育的一项重要内容，通过各种方式向学生宣传行走、骑车、乘车等各方面的交通安全知识，增强学生的交通安全意识，提高其自我保护能力。

★ 行走安全教育

①行人必须在人行道内行走，没有人行道的靠右边行走；

②穿越马路必须走人行横道；

③通过有交通信号控制的人行道，必须遵守交通信号的规定；

④通过没有交通信号控制的人行道，要左顾右盼，注意来往车辆，不准追逐、奔跑；

⑤没有人行横道的，必须直行通过，不准在车辆临近时突然横穿；

⑥有人行过街天桥或地下通道的，必须走人行过街天桥或地下通道；

⑦不准翻越马路边和路中的护栏、隔离栏，不准在道路上扒车、追车、强行拦车或抛物击车。

★ 骑自行车（电动车、摩托车）安全教育

①12周岁以下的儿童不准在道路上骑自行车；

②不满16周岁的儿童不能在道路上骑电动车、摩托车；

③不打伞骑车；

④不脱手骑车；

⑤不骑车带人；

⑥不骑“病”车；

⑦不骑快车；

⑧不与机动车抢道；

⑨不平行骑车；

⑩不在恶劣天气下骑车。

★ 乘车安全教育

①乘坐公共汽车要等车停稳后上下车；

②在车上要抓好扶手，头、手等身体部位不能伸出窗外；

③管好身边物品，防止扒窃；

④乘坐汽车要系安全带；

⑤不乘坐超载车；

⑥不乘坐拼装车、报废车、农用车等非法营运车辆上下学。

第十三节　学生拥挤踩踏事故防范规范化管理操作指南

情境再现

据媒体报道，2015年6月5日，昆明市盘龙区人民法院对致6死35伤的昆明某小学踩踏事故案做出一审判决：某小学校长李某、副校长杨某、体育教师李某犯教育设施重大安全事故罪，分别被判处2年至1年不同刑期。法院经审理查明，2004年，该小学将校园内的教职工宿舍楼的10套宿舍改变用途，用于组织学生集体午休。被告人李某作为校长、杨某作为分管后勤和安全工作的副校长，明知该宿舍楼作为学生午休楼使用明显不符合国家标准文件《中小学校设计规范》等的相关要求，存在重大安全隐患，且未采取有效的防范措施并一直使用。2014年9月25日17时许，被告人李某作为该校体育教师，违反体育器材使用管理的相关规定，擅自将教学使用的两块海绵垫倚墙立放于午休楼一楼楼道处。次日14时许，该校一、二年级500余名小学生结束午休，在经过一楼过道返回教室上课时，因立放于过道的海绵垫倾倒在楼道上阻碍学生顺利通行，致大量学生相互叠加挤压，引发严重踩踏伤亡事故。此次事故共造成6名小学生死亡，35人不同程度受伤。

问题思考

1. 导致发生学生拥挤踩踏事故的原因主要有哪些？
2. 学校应当如何防范校园拥挤踩踏事故的发生？

法规依据

《中小学幼儿园安全管理办法》《教育部关于进一步加强中小学安全工作预防学生拥挤踩踏事故的通知》

操作指南

（一）通则

1. 校园拥挤踩踏事故几乎都是发生在学校教学楼的楼梯上，且多发生于学生放学（下晚自习）、参加升旗仪式、做操、集会、下课或就餐等群体活动的上下楼梯过程中，发生后往往会酿成群死群伤的严重后果，危害极大，影响恶劣。

2. 校园拥挤踩踏事故严重威胁着在校师生的生命安全和健康，直接影响到社会的稳定与和谐。学校应当采取有效措施，建立起预防学生拥挤踩踏事故的安全管理制度，切实保护在校学生的安全。

（二）引发校园拥挤踩踏事故的危险来源

3. 引发校园拥挤踩踏事故的直接原因，是学生在群体通行时过度拥挤。

★ 而造成过度拥挤的原因包括：

①在拥挤的人群中逆行。当上下行人群互相干扰、阻碍时，学生很容易互相推挤而引发踩踏事故。

②在行进中弯腰系鞋带、捡东西。如果此时人群拥挤，后面的人由于反应不及时，很可能踩踏过去或被绊倒，从而引发踩踏事故。

③在集体通行中不慎摔倒。由于下台阶时不慎踩空而摔倒，或者由于雨雪天楼梯湿滑，行走时不慎滑倒，而紧随其后的学生相继被绊倒。

④在通行中搞恶作剧引起人群恐慌，导致学生因急于离开而相互拥挤。

⑤通行速度过快。

⑥晚间突然停电而引起学生恐慌。

⑦楼梯中或者楼梯上下发生异常情况后，学生因好奇而争先恐后上前凑热闹，进而发生拥挤。

4. 引发校园拥挤踩踏事故的外部客观原因，是学校的设施、设备存在安全上的缺陷。

★ 这些缺陷包括：

①多层教学楼上下行通道少，整栋教学楼只有一部楼梯。

②楼梯宽度不足。若楼梯宽度小于1.5米，则在学生放学、上操、集会等集体通行高峰时很容易发生拥挤。

③楼梯护栏的高度不够（低于1.1米），或者护栏年久失修、损坏。

④楼梯照明设备出现故障，没有及时修复，也未配备紧急照明设备。照明不足，不仅不利于学生看清台阶及前方的情况，在紧急情况下还会影响人群的疏散逃生速度，甚至引发人群的心理恐慌。

5. 引发校园拥挤踩踏事故的管理方面的原因，是学校在预防拥挤踩踏事故方面管理不当，安全制度不健全。

★ 此方面主要表现为：

①楼层班额设置不合理。如每个班级人数过多，或者教学楼每个楼层安排的班额数过多。

②在学生集体通行高峰期，学校未安排教师在楼道、楼梯处疏导通行、维持秩序，或者安排的教师人手不够，不能有效疏导通行。

③学校未及时消除校园通道中存在的安全隐患。如楼梯扶手坏了，或者楼道、楼梯照明设备发生了故障，学校没有及时进行修理或更换。

④未对学生进行避免拥挤、紧急疏散等相关的安全教育，未组织学生开展相关的安全演练。

（三）校园拥挤踩踏事故的预防与管理

6. 凡是新建、改建的校舍，都应当严格执行《中小学校设计规范》《农村普通中小学校建设标准》和《城市普通中小学校校舍建设标准》的相关规定，保证教学楼的楼梯、通道、照明等设施设备符合相关安全标准和要求。

7. 对于正在使用的校舍，学校应当组织专人进行安全排查，重点检查教学楼的楼梯、通道、照明设施是否符合国家的相关规范和标准。对于不符合要求的，应当及时改进；学校自身无力解决的，应当上报上级教育行政部门，再由后者报告当地政府，并在政府的统一领导下，会同建设部门提出整改办法。

8．学校应当建立校舍定期安全检查制度，及时消除潜在的安全隐患。

★ 学校应当按照规定，对教学楼的楼梯、扶手以及楼梯间照明设施定期进行安全检查，及时清理楼道和楼梯间的堆积物，确保楼道、楼梯通畅。

★ 对于已损坏的楼梯扶手，学校要及时予以加固。

★ 对于损坏的楼梯间照明设施，学校要及时予以修复或更换，以免影响学生的安全通行。在晚间遭遇突然停电的情况下，学校应当立即启用应急照明设备，以保证楼道、楼梯的照明条件。

9．学校在安排教室时，要严格控制每个楼层的班级数，每层一般不宜超过4个班级。同时，要尽可能将大班额、低年级学生安排在底楼或较低楼层，以减轻教学楼楼梯、通道的通行压力。

10．在学生下课、上操、集会、放学等场合，学校可适当错开学生通行的时间，实行分年级、分班级逐次下楼，并形成制度。

11．在学生集合时，学校不要一味求快、求整齐，要给学生的通行留出足够的时间，防止学生因通行速度过快而发生意外。

12．学校应当在教学楼楼道、楼梯的墙面上张贴安全通行提示语，如“靠右慢行、不要拥挤、禁止打闹”等，以强化学生的安全通行意识，培养学生安全、文明的通行习惯。

13．在学生下课、上操、集会、放学时，学校应安排教师在楼道、楼梯值班，负责疏导通行，维持秩序。每一个楼层的楼道、楼梯至少应当有一名教师在值班。值班教师要提醒学生慢走、不要拥挤，要及时制止学生做出的打闹、推人等危险性行为，发生危险时要及时、有序地将学生疏散到安全地带。

14．学校应当通过黑板报、主题班会、国旗下讲话等形式，结合各地发生的学生拥挤踩踏事故案例开展安全教育，让学生了解发生拥挤踩踏事故的主要原因、严重后果及防范措施。平时，学校应当教育学生上下楼梯要靠右慢行，不拥挤、不打闹、不搞恶作剧，行走期间不突然弯腰拾物或系鞋带等。

15．学校应当向学生传授逃生、避险的基本知识和技能。

★ 在遭遇拥挤的人流时，一定不要采用体位前倾或者低重心的姿势，即使鞋子被踩掉，也不要贸然弯腰提鞋或系鞋带。

★ 当发现自己前面有人突然摔倒了，应该马上停下脚步，同时大声呼救，告知后面的人不要向前靠近。

★ 当出现拥挤踩踏时，切忌惊慌失措，要保持镇静，听从现场老师的指挥，有序从现场撤离。

★ 若被推倒，要设法靠近墙壁，身体卷成球状，双手在颈后紧扣，以保护身体最脆弱的部位；同时尽量露出口鼻，保持呼吸通畅。

16. 为了提高学校处置拥挤踩踏事故的应急能力，确保事故发生时救援工作得以高效、有序进行，最大限度地减少人员伤亡和财产损失，学校还应当结合国家有关规定和本校实际情况，制定《学校拥挤踩踏事故应急预案》。预案应当包括组织机构与职责、日常预防、应急响应措施、善后处理等方面的内容。

★ 预案中的“应急响应措施”部分的内容应当具体化，并具有可操作性。例如预案可以规定，发生拥挤踩踏事故后，学校应当迅速采取如下应急处置措施：

①在拥挤踩踏事故现场的教职工应当大声呼喊学生保持镇静，听从老师指挥，立即停止向前移动，有序退回教室；楼梯上的人员有序向后返回，为营救伤员创造条件。发现有学生在拥挤的人群中摔倒时，现场的教职工应当立即将其扶起或让旁边的学生将其扶起，防止后面的人相继被绊倒，并让前面的学生及时、有序地离开现场，不得在一旁围观。

②现场的教职工应当在第一时间内向学校领导汇报。学校领导迅速指挥应急组织机构和人员展开各项应急处置工作，并及时向上级教育行政部门及有关部门报告，同时拨打“110”报警电话和医疗卫生部门电话。

③疏散引导组接到报警后，应当立即赶到事故现场，按照就近、安全的原则，组织、引导学生及时、有序地疏散、转移到安全地带。

④医疗救护组应当迅速赶到事故现场，检查学生受伤情况，对伤者进行紧急救护，必要时尽快将其送往医院救治或者拨打“120”电话请求救助。

⑤通信联络组应当立即通知受伤学生的监护人赶赴医院，协助救治。

⑥学校还要做好学生及其家长的思想稳定工作，消除他们的恐慌心理，及时解答家长提出的问题，妥善处理相关问题，保证学校正常的教育教学秩序。

★ 预案制定出来后，学校应当组织师生进行演练。特别是紧急疏散的内容，学校应当定期组织师生进行疏散演练，切实提高师生应对突发事件的能力。

第十四节　校园性侵害案件防范规范化管理操作指南

情境再现

据媒体报道，广西防城港市某小学老师在课堂上猥亵多名女童一案，于2015年10月29日在防城港市港口区人民法院进行一审宣判，被告人苏某犯猥亵儿童罪，被判处有期徒刑十年。据法院审理查明，51岁的苏某于2014年10月至2015年1月期间，多次在课堂上以教写作业为由，借机对数名5到7岁的女学生进行猥亵。此外，苏某趁其他老师不在办公室时，把一名四年级学生叫到办公室默写古诗，此间不顾该学生的反抗对其强行猥亵持续1分多钟。法院经审理认为，苏某的行为已构成猥亵儿童罪，遂做出前述判决。

问题思考

1. 为了防范校园性侵害案件的发生，学校应当采取哪些管理措施？
2. 发现学生遭受性侵后，学校应当如何处理？

法规依据

《中华人民共和国刑法》《中华人民共和国未成年人保护法》《中小学幼儿园安全管理办法》

操作指南

（一）通则

1. 校园性侵害是违法犯罪行为，严重损害着未成年学生的身心健康，给受害者带来终身挥之不去的心理阴影，也败坏了教师的良好形象，社会影响极其恶劣，学校应当予以高度重视并采取充分的防范措施。

2. 学校应当按照国家规定，对学生开展预防性侵害教育，严把教师的入口关，加强对教师的日常教育和管理，依法处理已经发生的性侵案件，保护在校学生的人身安全与合法权益。

（二）校园性侵害的日常防范

3. 性侵害既包括有身体接触的性侵害，如强奸、猥亵（指以刺激或满足性欲为目的，用搂抱、亲吻、抠摸、舌舔、吸吮、手淫、鸡奸等性交以外的方法实施的淫秽行为）；又包括非身体接触的性侵害，例如强迫他人裸露身体、给他人拍摄裸照、强迫他人观看色情录像或图片等。

4. 未成年学生由于涉世不深，安全意识不强，自护能力较弱，常常成为性侵害案件的受害者。实施性侵害的人，有可能是陌生人，也有可能是熟人，亲属、邻居、学校教师、同龄伙伴等都有可能成为加害人。不仅仅是女孩有可能遭受性侵害，男孩同样有可能成为受害者，而对男孩实施性侵害的，绝大多数是成年男性。

5. 学校应当按照国家规定，对学生开展必要的性知识教育和预防性侵害教育。

★ 未成年学生对来自校园的性侵害行为之所以较少进行反抗，除了敬畏师长、自身力量弱小等原因之外，其关于性方面的知识较为贫乏、关于预防性侵害的知识和技能较为欠缺也是重要原因。

★ 对学生进行适当的性知识教育和预防性侵害教育，早已被列入国家的教育计划和大纲。教育部颁发的《中小学公共安全教育指导纲要》和《中小学健康教育指导纲要》，都规定了对中小学生开展必要的性健康知识教育和预防性侵害教育方面的内容。

★《中小学公共安全教育指导纲要》要求：小学四至六年级学生要了解

应对性侵害的一般方法，提高自我保护能力；初步了解青春期发育基础知识，形成明确的性别意识和自我保护意识。初中年级的学生要学会应对性侵害等突发事件的基本技能，了解青春期常见问题的预防与处理，形成维护生殖健康的责任感；了解艾滋病的基本常识和预防措施，形成自我保护意识。高中年级的学生要掌握预防艾滋病的基本知识和措施，正确对待艾滋病毒感染者和患者；学习健康的异性交往方式，学会用恰当的方法保护自己，预防性侵害；当遭到性骚扰时，要用法律保护自己。

★《中小学健康教育指导纲要》规定：小学一、二年级的学生要知道“我从哪里来”的有关知识；三、四年级的学生要初步了解身体主要器官的功能，学会保护自己；五、六年级的学生要知道青春期的生长发育特点、男女少年在青春发育期的差异、女生月经初潮及意义、男生首次遗精及意义、变声期的保健知识、青春期的个人卫生知识等；初中阶段的学生要学会识别容易发生性侵害的危险因素，保护自己不受性侵害；高中阶段的学生要了解婚前性行为严重影响青少年身心健康，避免婚前性行为，进一步了解预防艾滋病的基本知识等。

6. 学校在对学生进行性教育的过程中，首先要着力让未成年学生了解隐私权、身体自主权、性侵害的含义。

★ 让学生明白身体是自己的，任何人不得随意触碰；

★ 自己的身体可以分为“可触碰区域”和“不可触碰区域”，对于“不可触碰区域”，特别是隐私处，除父母为自己洗澡或医生检查身体等少数情形外，应当拒绝任何触摸；

★ 对于让自己感到不舒服、不自在的身体接触，无论对方是谁，都可以拒绝其触碰或靠近；

★ 如果别人摸了自己并授意甚至恐吓自己要“保守秘密”，千万别害怕，一定要告诉父母、自己信赖的老师或其他成年人，避免事情变得更糟。

7. 学校通过预防性侵害教育，还要让学生明白，对未成年人实施性侵害不仅严重损害了他们的身心健康，而且严重触犯了法律，应当受到法律的严惩。

★《中华人民共和国刑法》第二百三十六条规定：以暴力、胁迫或者其他手段强奸妇女的，处三年以上十年以下有期徒刑。奸淫不满十四周岁的幼女的，以强奸论，从重处罚。强奸妇女、奸淫幼女，有下列情形之一的，处十年以上有期徒刑、无期徒刑或者死刑：（一）强奸妇女、奸淫幼女情节恶劣的；（二）强奸妇女、奸淫幼女多人的；（三）在公共场所当众强奸妇女的；（四）二人以上轮奸的；（五）致使被害人重伤、死亡或者造成其他严重后果的。

★《中华人民共和国刑法》第二百三十七条规定：以暴力、胁迫或者其他方法强制猥亵他人或者侮辱妇女的，处五年以下有期徒刑或者拘役。聚众或者在公共场所当众犯前款罪的，或者有其他恶劣情节的，处五年以上有期徒刑。猥亵儿童的，依照前两款的规定从重处罚。

8. 在预防性侵害教育过程中，学校应当向未成年学生传授自我保护的知识和技能。

★ 陌生人、熟人都有可能是性侵害的加害人；

★ 外出、上学或回家的路上要结伴而行，不要在无人的地方停留；

★ 和异性独处时不能关上房门，不要独自去异性的宿舍；

★ 不要轻易接受陌生人或他人的饮料和食品；

★ 当他人欲对自己实施性侵害时，要明确告诉对方自己不喜欢这样的行为，并寻找借口（如自己肚子疼着急解手、回去有急事等）尽快逃走，跑到人多的地方寻求帮助；

★ 如果无法脱身，但周围有人，可以大声呼叫，吸引别人的注意力；

★ 如果人身自由已被对方完全控制，不要用言语或激烈的反抗去刺激、激怒对方，以免对方丧心病狂对自己下毒手甚至杀人灭口，此时保护自己的生命安全是最重要的事情。要冷静地记住对方的外貌特征，并尽可能在对方身上留下痕迹（例如从他的头上拔下一两根头发，从他的衣服上扯下一颗纽扣，在他的身上、衣服上涂上血迹、污渍等）；

★ 如若不幸遭受性侵害，要及时告诉家长或老师，同时不要急于清洗身体，要注意保留相关证据，并按照有关部门的安排及时到医院检查、治疗等。

9. 学校应当严把教师的入口关，不得录用不具备国家规定的资质条件的人，对于教师队伍中不再符合法定的从教条件的人要及时予以解聘。

★ 对于因故意犯罪而受到刑事处罚的人或者品行不良者，教育行政部门不得授予其教师资格，已经获得教师资格的应当依法撤销其教师资格。

★ 学校在招聘教师时，应当严把品德关、心理关，仔细审查应聘者的档案，不得录用因故意犯罪而受过刑事处罚的人、有精神病史的人或者品行不良者担任教职工。必要时，学校应当委托专业机构对应聘者进行心理测试，对心理异常者要慎重录用。

★ 对于因故意犯罪而受到刑事处罚或患有精神疾病的教职工，以及品行不良、侮辱学生、影响恶劣的教师，学校应依法予以解聘。

10. 学校应对教师开展专门的法治教育和师德教育，增强教师的法治意识，确保教师的师德水准。

★ 除了新任教师上岗前必须接受法治教育外，学校还应当定期邀请法律专家到校为教师做法治讲座，引导教师学习《中华人民共和国教师法》《中华人民共和国未成年人保护法》《中华人民共和国预防未成年人犯罪法》《中华人民共和国刑法》《中华人民共和国民法通则》《中华人民共和国民法总则》和《中华人民共和国侵权责任法》《中小学幼儿园安全管理办法》《学生伤害事故处理办法》等与教师的职业、生活密切相关的法律、法规和规章。通过法治教育，重点让教师了解普通公民的权利和义务，了解未成年人所享有的合法权益以及所受到的专门保护，了解教师享有的权利、所应承担的义务和责任，从而增强教师的法治观念和模范守法意识，提高其保护学生身心安全的自觉性和主动性。

★ 在预防教师性犯罪问题上，要让教师熟悉与性侵害相关的法律条款，了解相关罪名以及违法者将要承担的法律后果，让教师认识到保护学生免受性侵害的重要性。

★ 学校还应当以《中小学教师职业道德规范》为参照标准，强化师德建设，经常性地对教师开展师德教育，并建立相应的考评机制，确保教师的职业道德水准。

11. 学校应当根据本校的实际情况，制定教职工职务行为守则，对本校教职工在履职期间的言行进行必要的规范，减少、消灭发生意外事件的时空条件，最大限度地保护学生的安全。

★ 规定教师应尽量避免与学生发生身体接触（体育课上教师进行个别辅导和保护除外），尤其是对异性学生更是如此。

★ 对学生进行个别谈话或辅导，只能在教室、会议室、办公室等公共场所进行，且不得关闭房门。

★ 在没有第三者在场的情况下，男教师不得在教室、办公室或其他相对封闭的地点单独留下女学生进行谈话或辅导。

★ 放学后留置学生应当事先征得学生家长的同意，并通知班主任或其他主管教师。

★ 学校还可通过定期向学生、学生家长乃至社区开展问卷调查的方式，对教师的教育教学以及师德情况进行评价，从各个方面强化对教师的监督和管理。

（三）校园性侵害案件的处理程序

12．一旦发生校园性侵害案件，学校应当保护好现场，并立即向上级教育行政部门和公安机关报告案情。

★ 发生性侵害案件后，学校在救助学生的同时，要注意维护现场的完整性，不要急于清理现场，以免由于现场遭到破坏而影响警方日后的侦查破案工作。

★ 案件发生后，学校不得因为虑及学校声誉受损、领导升迁受阻等任何理由，瞒报、缓报案情，甚至力促受害学生的家长与施暴教师进行“私了”，企图将案件“内部消化”。须知对未成年学生进行性侵犯已构成违法犯罪，应当由司法机关进行追诉，追究加害人的法律责任。学校的瞒报、缓报之举，是对加害人的袒护和纵容，更是对受害者的冷漠和伤害，是严重不负责任的违法行为。不仅如此，这样的做法还有可能让加害人在违法犯罪的泥塘中越陷越深，从而让受害学生遭到更大的伤害或导致其他学生受到新的伤害。

★ 教育部、公安部、司法部《关于辽宁等地相继发生教师强奸猥亵学生事件情况通报》明确指出，学校发生危害学生的性犯罪案件时，要立即向上级和公安部门报告，积极协助公安、司法部门尽快侦破案件，惩办罪犯；对推卸责任、延缓上报的要追究学校领导的行政责任，对包庇罪犯、隐瞒不报的要坚决依法追究有关领导以及相关责任人的法律责任。

13. 在上报案件的同时，学校还应当做好对受害学生的保护工作。

★ 鉴于性侵害案件的敏感性，学校知情人员应当特别注意保护受害学生的隐私，不得向无关人员泄露受害者的姓名以及相关案情信息，防止其受到多重伤害。

★ 此外，由于性侵害案件对受害学生的影响不可能在短期内消除，学校还应当通过适当的方式，在维护学生的隐私与尊严、顾及学生感受的基础上，在心理上、学业上给予其更多的关怀和支持，鼓励、帮助其尽快走出阴影，恢复正常的生活。

第十五节 学校设施安全规范化管理操作指南

情境再现

据媒体报道，罗某原系湖南省益阳市某中学学生。2014年4月30日上午，罗某在课间休息时到操场上一已弃置不用的篮球架处玩耍，与同学竞相攀爬该篮球架时，篮球架发生倒塌，罗某被压伤头部及颈部，经鉴定为脑挫裂伤所致轻度智力障碍，构成六级伤残。事后，罗某将学校告上法庭。法院审理后认为，被告某中学对已弃置不用的篮球架未采取加固防护措施，存在较大安全隐患。而罗某虽系限制民事行为能力人，但其对攀爬篮球架可能存在的危险后果具有一定的认识能力。根据事故发生原因与双方过错程度的比例，法院认定学校应承担80%的损害赔偿责任，遂一审判决学校赔偿罗某各项经济损失36万余元。

问题思考

1. 对于废弃的或者等待维修、更换的教育教学设施、设备，学校应当采取哪些安全管理措施？

2. 学校如何防范因校园设施、设备不合格而导致发生安全事故？

法规依据

《中华人民共和国未成年人保护法》《中小学幼儿园安全管理办法》《学校卫生工作条例》《中小学校设计规范》

操作指南

（一）通则

1. 学校应当向在校学习、生活的学生提供符合安全标准的校舍、场地及其他教育和生活设施、设备，并定期开展安全检查，及时消除潜在的安全隐患。

2. 因校园的教育和生活设施、设备存在安全隐患而引发学生伤害事故的，学校除需要对受害学生承担民事赔偿责任之外，相关责任人还可能被追究行政责任甚至刑事责任。

（二）教育和生活设施、设备的安全管理

3. 学校在选址时，应选择地质和自然环境良好、远离污染源、避免交通干扰的安全区域，不得在危险区和污染区内设立学校。

★ 按照国家标准《中小学校设计规范》的规定，中小学校应建设在阳光充足、空气流动、场地干燥、排水通畅、地势较高的宜建地段，严禁建设在地震、地质塌裂、暗河、洪涝等自然灾害及人为风险高的地段和污染超标的地段。校园及校内建筑与污染源的距离应符合对各类污染源实施控制的国家现行有关标准的规定。

★ 中小学校建设应远离殡仪馆、医院的太平间、传染病院等建筑。与易燃易爆场所间的距离应符合现行国家标准《建筑设计防火规范》的有关规定。

★ 高压电线、长输天然气管道、输油管道严禁穿越或跨越学校校园；当在学校周边敷设时，安全防护距离及防护措施应符合相关规定。

4. 校舍在建设过程中，严格执行法定的建设程序和标准，确保工程的质量和安全。

★ 参与校舍工程的勘察、设计、施工、监理工作的单位及人员，应当具备国家规定的资质条件。

★ 校舍的建设，必须坚持先报批后建设，先勘察后设计再施工的程序，严禁搞边勘察、边设计、边施工的“三边”工程，更不允许出现“三无”工程。

★ 工程完工之后，建设单位要依法组织验收，未经验收或者验收达不到规定要求和标准的，不得投入使用。

5. 学校校舍（包括相关功能设施）、场地的结构、规格、功能，应当符合《中小学校设计规范》等国标文件规定的要求。

★《中小学校设计规范》中规定的一些重要的国家标准如下：

①各类运动场地应平整，在其周边的同一高程上应有相应的安全防护空间；

②上人屋面、外廊、楼梯、平台、阳台等临空部位必须设防护栏杆，防护栏杆必须牢固、安全，高度不应低于1.10m；

③防护栏杆最薄弱处承受的最小水平推力应不小于1.5kN/m；

④中小学校楼梯每个梯段的踏步级数不应少于3级，且不应多于18级；

⑤中小学校室内楼梯扶手高度不应低于0.90m，室外楼梯扶手高度不应低于1.10m，水平扶手高度不应低于1.10m；

⑥中小学校的楼梯栏杆不得采用易于攀登的构造和花饰，杆件或花饰的镂空处净距不得大于0.11m；

⑦中小学校的楼梯扶手上应加装防止学生溜滑的设施；

⑧中小学校的楼梯两相邻梯段间不得设置遮挡视线的隔墙；

⑨每间教学用房的疏散门均不应少于2个，疏散门的宽度应通过计算，同时，每樘疏散门的通行净宽度不应小于0.90m。

★ 因校舍、场地的结构、规格、功能不符合国标文件的规定，而导致在使用过程中发生学生安全事故的，学校需承担相应的法律责任。

6. 学校在配备、采购照明设施、课桌椅、体育器材、实验设备等设施、设备时，应认真审查供应商的主体资格，从正规渠道进货，保证所购买的产品具有合格、安全证明，防止因产品存在安全瑕疵而给学生造成伤害。

★ 相关设施、设备有国家或者行业标准的，学校应当在与供应商签订的合同中约定相关产品的质量应当符合这些标准，并在验收时进行确认。

★ 某些大型设施（如滑梯、攀登架、蹦蹦床等），学校在购买时还要索取保修凭证。此类设施要由专门的技术人员进行安装、调试，并需要进行定期的检查和维护。

7. 学校应当按照国家有关规定对校内教育、生活设施、设备进行安全检查、检验，并建立定期和临时安全检查制度。

★ 从对象上看，学校安全检查、检验的重点对象包括：

①学校房屋、围墙等校园建筑；

②操场、道路等校园场地；

③单杠、双杆、篮球架等体育设施；

④门、窗、护栏、楼梯等设施；

⑤水、电、气、暖设施；

⑥消防设施；

⑦实验器材、微机等教学设备。

★ 从检查时间上看，既要有定期的、常规的检查，还要有临时性的检查，具体包括：

①开学前、放假后的综合性检查；

②大型设施、设备的月检查；

③门、窗、护栏等易于损耗的设施的日检查；

④教学用具的课前检查；

⑤临时性的检查，如大型活动之前对相关场地、设施的安全检查；大风、大雨等恶劣天气过后对校舍、墙体、水、电、气、树木等设施、设备的临时性安全检查等。

8. 在检查、检验过程中，发现设施、设备存在损坏、变形等现象，有可能威胁到在校师生的人身、财产安全的，检查人员应当做好记录，并根据不同的隐患情况，采取停用、隔离、更换、维修、设立警示标志、安排专人值班等措施，防止发生安全事故。

★ 对于因存在安全隐患而需要进行维修、更换的设施、设备，在修复、更换之前，学校应当暂停将其投入使用，并尽可能将其封存；无法封存的，应当在显眼的地方以学生能够理解的方式设立醒目的安全提示，并采取有效隔离措施，防止学生接触、使用。

★ 对于自身无力解决的问题，学校应当及时上报主管部门或者其他部门寻求解决。

★ 对于校园危房，有关部门和学校应当严格执行国家关于学校危房改造的相关规定。对D级危房（房屋承重结构承载力已不能满足正常使用要求，房屋整体已出现险情，构成整栋危房）必须立即封闭，停止使用，并按时予以拆除；对C级危房（部分承重结构承载力不能满足正常使用要求，局部出现险情，构成局部危房），必须经过维护加固后方可保留使用；局部险情一时排除不掉的，应封闭不安全的部分校舍并停止使用。

9. 学校的校舍、场地对外出租要慎重，以免发生意外。

★ 学校不得将场地出租给他人从事易燃、易爆、有毒、有害等危险品的生产、经营活动。

★ 不得出租校园内场地停放校外机动车辆。

★ 不得利用学校用地建设对社会开放的停车场。

★ 不得将校园场所出租给他人用于开设歌舞厅、网吧、按摩店等可能影响师生身心健康的经营性娱乐服务场所。

（三）校园危险场所的安全管理

10. 在校内高地、水池、楼梯等易发生危险的地方，学校应当设立警示标志，并采取必要的防护措施。

★ 在这些场所，一是要设立醒目的警示标志，时刻提醒学生注意安全；二是要采取必要的防范措施，防止学生靠近、接触危险源。

①在电线杆、电源插座旁边，应当标注、张贴警示语“有电，请勿靠近或触摸”；

②在山坡、校园围墙等高地上，应标注“高处危险，请勿攀登”；

③在水池旁，应标注“禁止入池”，并采取隔离措施；

④在楼梯的墙面上，应标注“靠右慢行，不打闹，不拥挤，不推人、撞人，不并步，不跳步”，并在课间休息时安排教师在楼道、楼梯巡逻；

⑤对摆放在室外的双杠、单杠等体育设施，课间要安排教师进行看管。

★ 此类场所、场合由于没有设置明显标志和采取安全措施，而造成他人人身损害的，其所有者或者管理人应当承担侵权责任。

11. 学校因特殊情况，需要在上学期间实施建设、装修工程的，应当对施工场地采取充分的安全管理措施。

★ 学校因建设、装修工程而需要聘请外单位进行施工的，应当选择有合法资质的施工单位，并与其签订施工安全责任书，约定其在施工过程中应当履行的安全职责。

★ 施工单位在进行施工作业时，一定要对施工现场和学生的活动区域进行有效隔离，并安排专人监督施工的安全。

★ 对于一些危险性较大的施工项目，应当实行封闭式管理，采取临时隔离措施，防止学生误闯误入。

★ 对参与校园施工的校外人员应当加强管理和监督，防止其做出有损于在校师生安全的行为。

★ 在施工期间，学校还应当有针对性地对本校学生开展安全教育，增强学生的安全防范意识。

第十六节 学校装修安全规范化管理操作指南

情境再现

据媒体报道，2016年8月刚刚交付使用的南京某中学分校开学后，某学生突然流鼻血，让父母大感意外。“学校学生总数不足六百人，截至9月9日竟有一百多名孩子出现身体不适。”学生家长告诉记者，除了流鼻血外，有的孩子还出现头晕、呕吐、持续口渴，甚至淋巴结肿大、消化道出血等不适。为此，家长们怀疑新投入的校舍有问题，纷纷找学校交涉并向当地教育局反映。9月中旬，校方在校园网站发布《校园室内环境空气质量检测的结果公告》，称教育教学活动区域检测合格，并欢迎家长选择推荐国内有相应资质的任何一家检测机构对学校的环境进行二次检测。

问题思考

1. 在装修过程中，造成室内环境污染的主要来源有哪些？

2. 学校若实施装修工程，应当采取哪些措施来保障学生的健康与安全？

法规依据

《中华人民共和国未成年人保护法》《学校卫生工作条例》《中小学校设计规范》《室内空气质量标准》《民用建筑工程室内环境污染控制规范》

操作指南

（一）通则

1. 我国《未成年人保护法》规定，学校不得在危及未成年人人身安全、健康的校舍和其他设施、场所中进行教育教学活动。因此，为在校学习、生活的学生提供合格的空气环境、防止空气污染是学校的法定义务。

2. 为了更换陈旧设施、改善办学环境而进行装修的时候，学校首先要考虑学生的健康与安全，高度重视装修污染和校园空气质量治理问题，不能以牺牲学生的身体健康为代价。

3. 中小学校是未成年学生聚集的特殊公共场所，他们年龄小，免疫力较差，待在室内的时间较长，很容易遭受有害物质的侵袭，因而对装修污染的监管，除了依据《民用建筑工程室内环境污染控制规范》《室内空气质量标准》这样的通用规范之外，还应当有更严格的标准，必要时需扩大检测范围，真正做到万无一失。

（二）学校装修中的空气质量安全管理

4. 学校应当将校舍装修、改扩建工程纳入本校的发展规划，动工前要进行充分的论证和规划，预留出充足的时间通风除味，避免盲目施工、频繁施工、仓促施工。

5. 学校装修应当选择在假期进行，学生在校学习期间不得实施装修工程。

★ 采暖地区，室内装修不宜在采暖期进行。

★ 暑假是相对较宜的装修时机，可利用的施工时间相对较长，气温较高，有利于加速装修材料释放污染气体。但是，若所在地区赶上梅雨季节，湿度大、气压低，不利于有毒气体的排放，暑期就并非装修的最佳时机。

6. 学校在进行装修之前，应按隶属关系报请上级教育行政主管部门同意，施工前要按照规定取得建设、环保等部门的批准许可。民办学校装修应当由理事会（董事会）做出决策，并报教育主管部门备案。

7. 在拟进行装修之前，学校还应当通过适当的方式（例如与家长委员会协商、召开家长会、向家长发放告知书等），将装修的范围、施工日期、采取的安全措施、安全注意事项等信息向家长进行通报，满足家长及学生的知情权。

8. 学校应慎重选择施工单位，要尽量选择有资质的、较大的施工单位，并与其签订含有环保要求的正式合同。

★ 合同中可指定环保材料，并约定这些材料在使用前应当由学校（建设单位）先进行验收。学校对材料不具有选择、验收能力的，可聘请有资质的第三方协助进行选择和验收。

★ 合同中还应约定，工程完工后，应当委托权威的检测机构对室内空气质量进行检测。取得合格的空气质量检测证书应成为工程交付的条件之一。

9. 为了更好地对施工过程、质量、安全进行监督，有条件的学校可引进独立的第三方监理，协助学校对工程进行监督管理。

10. 在学校装修过程中，应当严格按照《民用建筑工程室内环境污染控制规范》《室内空气质量标准》等相关的国家标准文件，选用合格的环保材料。

★ 在装修过程中，胶、油漆、板材是造成室内环境污染的三个主要来源。这几种材料中往往存有大量的甲醛、苯、总挥发性有机化合物（TVOC）等有害气体。其中，甲醛被世界卫生组织确认为一类致癌物。苯也属于致癌物质，轻度中毒会造成嗜睡、头痛、头晕、恶心、胸部紧束感等，重度中毒则会出现视物模糊、呼吸浅而快、心律不齐、抽搐或昏迷。TVOC能引起机体免疫水平失调，影响中枢神经系统功能，还可能影响消化系统，严重时可损伤肝脏和造血系统等。

★ 学校装修应当选择环保标准高的材料，严格控制人造板、胶黏剂的使用量。

★ 课桌椅也必须考虑环保性，对于可能挥发有害物质的新桌椅，学校可以考虑提前一年购入，放在仓库散味后再使用。

11. 在装修过程中，学校应当监督施工单位严格遵循《民用建筑工程室内环境污染控制规范》等国标文件规定的施工要求和规范，严格控制各种污染源，并做好通风处理工作。

12. 装修工程完工后，学校应当委托国家权威的检测机构（经过国家计量行政部门计量认证、检测报告有CMA标志）对室内空气质量进行检测。检测不合格的，学校可以依据合同条款的约定拒绝接收工程，要求施工方进行翻修或者采取空气污染治理措施，直至再次检测合格为止。

★《室内空气质量标准》明确规定了室内空气应达到“无毒、无害、无异常嗅味”的要求，还详细规定了各种污染源的控制标准（包括化学性、物理性、生物性和放射性污染物的控制标准，其中化学性污染物包括甲醛、苯、TVOC、氨、可吸入颗粒等污染物质）。

13. 对于新装修的校舍，未进行室内空气质量检测或者检测不合格的，学校不得让学生使用。

14. 校舍装修后，应当开窗通风，释放有害气体，还可以考虑辅以使用空气净化器，或者辅助采取活性炭去味法、植物去味法等方式净化空气。

15. 检测合格的新装修校舍，在投入使用后，如果有学生集体出现呼吸道不适、流鼻血、胸闷、头晕、恶心、皮疹等症状，学校应当高度重视，立即停止使用该校舍，并安排学生就医检查，做好与家长的沟通工作。

16. 学生集体性出现不适症状后，学校应当聘请权威的检测机构再次对室内空气质量进行检测，并将检测结果进行公示，接受家长和社会的监督，以确保检测的公正性。

17. 经检测存在不合格的检测项目的，学校应当聘请有资质的空气污染治理公司进行治理，治理后应再次进行检测，直至检测合格为止。

第十七节　学校自然灾害防范规范化管理操作指南

情境再现

据媒体报道，2005年6月10日12时50分，黑龙江省宁安市沙兰镇及沙兰河上游的丘陵岗地突降特大暴雨，暴雨汇集成洪水，沿沙兰河迅速冲往下游，于14时15分到达沙兰镇。洪水暴涨，夹杂着大量泥沙、树枝和杂物，冲入某小学，仅几分钟时间教室水位就高达2.2米。当时正在上课的352名学生和31名教师，全部被困水中，其中105名学生遇难。“我们这里对学校安全工作可以说是非常重视，大会讲、小会也讲。我们小学，应急预案、抢险队都有，但是这次水来得太快了，根本就用不上。”校长刘某在接受采访时告诉记者，当学校老师们发现洪水来时，汹涌的山洪已经冲破离学校不足10米的堤岸，没过几分钟，夹杂着大量泥沙的洪水便拍倒了学校的围墙。据洪灾救援指挥部新闻发言人介绍，降雨强度大、历时短、降雨集中、雨洪成灾快是造成重大伤亡的一个重要原因。另一个重要原因是该小学建在全镇最低洼的地方，并且紧邻沙兰河。洪水到来，这里首当其冲被淹。据事后现场勘查，大部分教室过水上线都在两米左右，已接近屋顶。还有一个不可忽视的原因就是，洪水袭来时，352名学生正在教室上课，面对这样的洪水，孩子的自救显得极其无力，而学校当时只有31位老师，教室里一位老师同时要救三四十名学生，在几分钟内水就涨过头顶的情况下，结果自然可以想象。事后据获救学生讲，在大水涌进教室时，正是老师组织学生攀上窗台，或砸开教室棚顶，将学生举上去，他们才得以生还。

问题思考

1. 学校如何建立灾害性天气预警信息发布接收制度和监控制度？
2. 学校应当怎样建立健全突发自然灾害应急处理机制？

法规依据

《中华人民共和国未成年人保护法》《中华人民共和国防震减灾法》《中华人民共和国突发事件应对法》《中小学幼儿园安全管理办法》

操作指南

（一）通则

1. 我国幅员辽阔，环境条件复杂，是一个自然灾害多发的国家，具有灾害种类多、发生频率高、分布范围广、地区差别大、造成的损失严重等特点。

2. 学校是一个人员密集的公共场所，中小学生自救自护能力较弱，难以应付各种突发的险情，学校应当未雨绸缪，建立、健全本校的自然灾害预防与应急处理制度，最大限度地保护师生的生命和财产安全。

（二）自然灾害的日常预防

3. 按照原国家科委、国家计委、国家经贸委自然灾害综合研究组的分类办法，我国的自然灾害分为七大类：气象灾害、海洋灾害、洪水灾害、地质灾害、地震灾害、农作物生物灾害、森林生物灾害和森林火灾。

★ 气象灾害：干旱、雨涝、雷击、冰雹、台风、热带风暴、沙尘暴、寒潮和龙卷风等。

★ 海洋灾害：风暴潮、灾害性海浪、海冰、海啸和赤潮等。

★ 洪水灾害：暴雨灾害、山洪、融雪洪水、冰凌洪水、溃坝洪水、泥石流与水泥流洪水等。

★ 地质灾害：崩塌、滑坡、泥石流、地面沉降、地面塌陷和地裂缝等。

★ 地震灾害：构造地震、陷落地震、矿山地震、水库地震等。

★ 农作物生物灾害：农作物病害、农作物虫害、农作物草害、鼠害等。

★ 森林生物灾害和森林火灾：森林病害、虫害、鼠害，森林火灾等。

4. 学校在选址的时候，应选择阳光充足、空气流通、场地干燥、排水通畅、地势较高以及地质条件较好的地段作为校址。新建、改建、扩建校舍的选址要由专业部门进行灾害危险性评估，避免在灾害高危地区新建校舍。

5. 在校舍等基础设施的建设过程中，应当严格执行关于防灾、抗灾的国家标准，特别是关于抗震、防雷的国家标准。

★ 在抗震方面，根据《建筑工程抗震设防分类标准》以及我国《防震减灾法》的规定，幼儿园、小学、中学的教学用房以及学生宿舍和食堂，其抗震设防类别应不低于重点设防类，且应当按照高于当地房屋建筑的抗震设防要求进行设计和施工，并采取有效措施，增强抗震设防能力。

★ 在防雷方面，根据《建筑物防雷设计规范》的要求，校舍作为人员密集的公共建筑物，应当按照第二类防雷建筑物的标准对其进行建设，采取防直击雷和防雷电波侵入的措施。

6. 对于已经建成的校舍，学校应当开展安全隐患排查工作，重点检查校址自然地质环境、抗震性能、防雷设施以及校舍安全等方面的问题，发现安全隐患后要及时采取措施予以消除。

★ 发现所在校址存在山体滑坡、泥石流、山洪、基础沉陷和地质断层等自然灾害隐患的，应当采取相应的防范措施，增强学校抵御自然灾害的能力；对于存在较大的自然灾害隐患且无法消除的，应当将学校迁移或在灾害易发季节将学生转移到安全场所上课。

★ 发现学校的校舍未采取抗震设防措施或者抗震设防措施未达到抗震设防要求的，应当按照国家有关规定进行抗震性能鉴定，并采取必要的抗震加固措施。

★ 发现学校的建筑物和教学设施设备未采取防雷措施或防雷措施不符合要求的，应当进行整改，直至达到国家相关标准的要求。

★ 发现学校建筑物中存在危房的，对被鉴定为D级危房的要立即关闭停用，并予以拆除；对一般危房要及时维修加固，防止“灾后灾”的发生。

7. 学校加强同气象、水利、海洋等部门的沟通与联系，建立灾害性天气预警信息发布接收制度和监控制度，建立健全联动和协同应对自然灾害机制。

★ 目前，我国气象、水利、海洋以及防汛等部门都非常重视对相关自然灾害的检测、预报和预警工作，并建立了相关预警信息发布制度。在台风、暴雨、大风和洪灾等自然灾害发生之前，这些机构会根据灾害程度和各类应急预案规定，向有关部门、专业技术人员以及社会公众发布不同等级的预警信息。

★ 学校平时应当认真关注重大灾害性天气预测预报、火险气象等级预报、地质灾害气象等级预报和气候影响评价等信息，并安排专人负责信息的接收和监控。

8. 接收、监控到自然灾害预警信息之后，学校一方面应当及时将信息传达给教师、学生及其家长，提醒相关人员注意安全；另一方面应当根据灾害的相关情况有针对性地采取预防措施，必要时学校应当根据上级要求自行采取调整上课时间、停课、将学生转移到安全场所上课等形式调整学生的作息安排，落实各项安全措施，确保师生安全。

★ 中国气象局公布的《突发气象灾害预警信号及防御指南》，将灾害性天气分为台风、暴雨、高温、寒潮、大雾、雷雨大风、大风、沙尘暴、冰雹、雪灾和道路结冰十一类；将预警信号从总体上分为四级，按照灾害的严重性和紧急程度，颜色依次为蓝色、黄色、橙色和红色；并对每一类每一等级的灾害性天气规定了普遍性的防御指南。

★ 学校平时应当关注气象部门发布的本地突发气象灾害预警信号，根据有关规定并结合本校的实际情况采取相应的预防措施。

9. 学校应当按照国家规定，定期对学生开展自然灾害防灾、减灾教育与演习，特别是要结合当地的实际情况，组织师生开展针对洪水、地震等常见自然灾害的紧急疏散、逃生自救的演练，使师生掌握避险、逃生、自救的方法，提高师生应对突发自然灾害事件的能力。

★ 在教育部制定的《中小学公共安全教育指导纲要》中，预防和应对自然灾害是中小学公共安全教育的主要内容之一。该纲要对不同年级的相关教育内容做了规定。

（三）建立学校突发自然灾害应急处理机制

10. 为了规范针对自然灾害的应急处置行为，提高学校的应急处置能力，迅速、有序、高效地实施应急处置，最大限度地减少自然灾害中学校师生员工的生命和财产损失，学校还应当按照规定制定本校的突发自然灾害应急预案，建立本校的突发自然灾害应急处理机制。

突发自然灾害应急预案应当包括如下内容。

（1）应急处置工作领导机构及其职责

★ 学校应设立自然灾害应急处置工作领导小组，其职责主要包括：①制定和完善本校自然灾害应急处置预案，并负责本校自然灾害应急处置工作；②开展防灾、减灾宣传教育和应急演练以及培训活动；③做好灾害隐患排查整改工作，加强灾害信息报告和预警措施；④组织开展校内先期应急处置行动，协助相关部门开展应急处置和恢复重建工作；⑤及时向上级教育主管部门请示报告。

（2）应急保障

★ ①信息保障。学校应完善信息传输渠道，保持信息传输设施和通信设备完好，保持通信方便快捷，确保信息报送渠道的安全畅通。

②物资保障。学校应逐步建立处置自然灾害类突发公共事件的物资储备，保障妥善处置突发公共事件的物资充足。

③资金保障。学校应逐年增加日常应急演练、宣传和培训经费，把应急教育经费列入年度预算。

④人员保障。学校应组建由本单位教职员工组成的自然灾害类突发公共事件专职或兼职应急救援队，并应当为专业应急救援人员购买人身意外伤害保险，配备必要的防护装备和器材，减少应急救援人员的人身风险。

⑤宣传、培训和演练保障。学校应积极开展自然灾害应急法律法规和预防、避灾、避险、自救、互救以及保险常识的普及教育，应将包含应对自然灾害在内的安全教育纳入教育教学活动中，每年进行至少一次防灾减灾实战应急演练。

★ 除上述保障之外，学校还应当在上级教育行政部门的指导和帮助下，做好教学秩序保障工作；在上级教育行政部门和当地政府的统一领导下，做好应急避险场所的设置和建设工作。

（3）预警预防

★ 学校应加强应急反应机制的日常性管理，在实践中不断演练和完善应急处置预案，并做好应对自然灾害类突发公共事件的人力、物力和财力方面的储备工作。

★ 根据有关规定，在政府发布自然灾害预报后，各级教育行政部门即可宣布预报区进入预警期。

★ 自然灾害可能造成严重的人员伤亡和财产损失，当大量人员需要紧急转移安置或生活救助时，教育系统应当根据当地政府的统一部署，做好防灾应急准备工作或采取应急措施。

（4）灾情报告

★ 发生灾情后，学校应立即（最迟不得超过事发后的半小时）通过电话或其他快速通信方式报上级教育行政部门。信息内容要客观、翔实、全面，不得主观臆断，不得缓报、漏报、瞒报、谎报。发生特别重大事件后，学校可直接报教育部。

（5）灾害发生后的应急响应

★ 自然灾害发生后，学校应当根据灾害事件的不同级别情况分别采取相应的先期处置和协助处置措施。

★ 根据国家有关自然灾害应急预案和教育系统实际以及对学校产生的影响，教育系统自然灾害类突发公共事件按严重程度从高到低分为：特别重大事件（Ⅰ级）、重大事件（Ⅱ级）、较大事件（Ⅲ级）和一般事件（Ⅳ级）。

★ 以特别重大事件（Ⅰ级）为例，特别重大事件（Ⅰ级）发生后，学校应采取下列先期处置和协助处置措施：①灾害发生后，应当立即向当地政府和上级教育行政部门报告灾情信息；②根据灾害类型，采取停课、延迟放学等措施或者统一组织和指挥师生员工迅速疏散到避难场所；③积极开展自救、互救，根据灾害类型立即组织应急队伍，以营救遇险人员为重点，及时、有效地进行处置，控制事态；④采取必要措施，防止发生次生、衍生事故，避免造成更大的人员伤亡、财产损失和环境污染；⑤组织受威胁师生员工疏散、转移，做好安置工作以及师生员工的心理疏导工作；⑥当政府相关部门到达现场并负责现场指挥救援工作时，学校要积极配合，做好道路引领、师生安置、师生员工心理疏导、后勤保障、秩序维护等协助处置工作。

（6）灾后救助与恢复重建

★ 自然灾害应急处置完成后，工作重点应马上从应急转向善后与恢复行动，及时开展补救工作，积极做好善后工作，争取在最短的时间内恢复学校的正常秩序，保证教育教学的延续性。

第十八节 校园暴力伤害案件防范规范化管理操作指南

情境再现

据媒体消息，2014年6月10日，湖北省潜江市某小学发生劫持人质事件。嫌犯张某手持刀具、汽油以及自制炸药，闯入该校六（3）班教室，劫持了正在上课的教师秦某和学生，扬言要报复社会。秦某一面安抚学生，一面与张某协商，要求释放学生，自己留下当人质。僵持过程中，学校其他师生全部安全转移。当地警方接警后，立即赶到现场，当地乡镇干部王某替换了人质。警察与嫌犯谈判近一个小时。11时许嫌犯情绪激动，不断将人质逼到墙角，并向人质泼洒汽油，在嫌犯用打火机点火的瞬间，特警将嫌犯击毙，救出了人质。据了解，被击毙的嫌犯张某为当地刑满释放人员。

问题思考

1. 校园暴力伤害可能的来源有哪些？
2. 学校应当如何防范校园暴力伤害案件的发生？

法规依据

《中华人民共和国未成年人保护法》《中小学幼儿园安全管理办法》

操作指南

（一）通则

1．校园暴力伤害案件，是指发生在校园内或校门口，以在校师生为作案目标，以暴力行凶为作案特征的各种杀人、伤人、绑架案件。它严重危害师生的生命健康，引发家长和民众的恐慌心理，影响社会的和谐与稳定，冲击社会的道德底线，需要学校高度重视并采取严密的防范措施。

2．学校应当通过加强校园的人防、物防、技防建设，建立完善的校园安防制度，加强对师生的安全管理和教育，预防、遏制校园恶性暴力案件的发生，保护在校师生的人身安全。

（二）校园暴力伤害案件的日常防范

3．校园暴力伤害案件的行凶者既可能来自校外，也可能来自校内，通常包括以下几种情形：

（1）学生之间发生矛盾，自我感觉“吃亏”的一方用私自携带的管制器具，或者从社会上叫来闲散人员，对另一方进行殴打；

（2）学生在校受到同学的欺负，或者遭到老师的体罚，其家长独自或召集社会闲散人员冲进学校，用暴力“教训”学生或老师；

（3）学生被学校开除后，为“报复”学校、老师和同学，携带凶器或纠结社会闲散人员冲进学校行凶；

（4）被开除后对校领导心怀不满的学校员工，或者精神病发作的学校员工，突然在校内行凶；

（5）醉酒的人员或者精神病患者闯入学校伤害师生；

（6）犯罪分子在被追捕的过程中负隅顽抗，闯入学校劫持师生作为人质；

（7）对社会心怀不满的人员，为了引发社会关注或发泄不满情绪，携带凶器在校门口或者冲进校园疯狂行凶，肆意砍杀无辜的师生。

4．学校应当设置治安保卫机构，配备专职的安全保卫人员。有条件的地方，还可组织由社区工作人员、志愿者、家长参加的护校队，轮流在校园门口执勤，协助维持校门口及周边的治安秩序。通过强化校园安保力量，提高学校的自护能力。

★ 校园安保力量的加强，可以对不法分子起到威慑作用，直至打消其犯罪念头。而一旦发生暴力伤害案件，学校亦可在第一时间内进行有效处置，减少损害的发生。

5. 学校应当建立严格的门卫制度，尽可能将来自外部的不安全因素阻挡在校门外。

★ 门卫要严格执行出入校门管理制度，对来访人员做好询问、检查、验证、登记工作，准确了解其入校的事由，严防精神病患者、无关人员、不明身份人员进入校园。

★ 对进入校园的车辆和物品要进行严格的检查、核对，限制车辆入内，严禁将非教学用途的危险化学品、管制刀具等危险物品带入校园。

★ 对在校门口长时间停留的可疑人员要予以劝离，必要时应及时报告公安部门。

★ 对于未办理正常入校手续而试图闯入校园的外来者，要立即予以有效制止和驱逐，必要时应及时上报学校领导并报警。

★ 一旦校园门口及校内发生针对师生的暴力活动，门卫要挺身而出保护师生安全，在第一时间内进行合理处置。

6. 在校园内部，学校应当加强治安巡逻，建立、健全护校教师值班、巡查制度。

★ 学校要建立24小时值班制度，由护校教师全天候对校园进行巡查。特别是要加强对教室、学生宿舍、操场、食堂、主要道路等重点区域的安全巡查，在学生上学、放学、课间休息及夜间等重点时段要增加巡查力量和巡查密度。

★ 发现安全隐患的，值班巡查人员应及时予以消除或上报；遇突发事件，值班人员应及时处理并向学校领导汇报，情况危急的应及时报警。

7. 保卫校园安全，基本的物防设施必不可少。学校应当加强以下几个方面的物防建设。

（1）校门、围墙

★ 学校的大门应当为铁门，且应坚固、牢靠，学生在校上学期间应保持关闭状态。学校要有封闭式的围墙，围墙的高度要足以防范不法者的翻越行为，现有围墙偏矮的，要予以加高、加固。

（2）防暴装备

★ 为提高安保人员处置突发恶性案件的能力，学校应当有选择地为安保人员配备橡胶棍棒（丁字棍或伸缩棍）、警用钢叉、自卫喷雾器（辣椒喷剂）、防割手套、防暴头盔、防刺背心、强光手电筒、防暴抓捕网（保安专用系列）等防暴装备。

（3）通信器材

★ 学校应当为门卫、安保人员配备必要的通信工具，以便在紧急情况下相关人员可以及时向领导报告、报警。此外，有条件的学校，可争取公安部门的支持，依托门卫室设立校园警务室（治安亭），并喷涂醒目的外观，悬挂标识标牌，配备必要的办公设备。

8．学校应当加强技防建设，扩大校园治安的防控面积和防控点，减少防控漏洞，及时发现治安问题。

★ 安装视频监控系统。在校门口及周围、校内主要通道、食堂、教室、宿舍区等重要区域应当安装视频监控探头，并与公安系统联网，视频监控记录保存应不少于30天。

★ 安装周界报警系统。在校园的围墙围栏、财务室、食堂操作间、实验室及库房等重要区域可安装周界报警系统，以便及时发现、处理非法入侵行为。

★ 安装紧急报警按钮。在学校门卫室、校长室、教师值班室等场所要安装与110报警服务台联通的紧急报警按钮，其安装位置应符合隐蔽且便于报警的原则。

9．上下学时间，学校应当在校门口及周边加强对学生的护卫。

★ 上下学时间，校领导和值班教师应当在校门口迎送学生，维持秩序，及时处理偶发事件。

★ 严格落实低年级小学生的接送交接制度，避免因家校之间监管脱节而导致年幼的学生处于无人监管的状态。

★ 对于提前到校的学生，值班教师要确保其即时进入校园，严禁因时间未到而将学生拒之门外，避免学生在校门口大量聚集。

★ 放学后，值班教师应当教育、督促学生按时离校，不要在校门口逗留。对于家长未能及时接走的学生，学校要安排专人进行看管。

★ 发现有可疑人员在校门口及周围长时间徘徊的，值班教师、保安要予以劝离，必要时应及时通知公安部门予以处理。对于侵犯学生合法权益的行为，值班人员要及时有效地予以制止，情况危急的应立即报警。

10．为了防范个别教师在工作期间因精神病发作而对学生进行杀戮或殴打，或者因实施暴力体罚而导致学生受到伤害，学校应当严把教师入口关，并严格规范教师的执教行为。

★ 教育行政部门和学校应当严格遵守《中华人民共和国教师法》《教师资格条例》中关于教师资格和入职条件的规定，严把教师入口关，防止有故意犯罪前科、精神病史的人进入教师队伍。

★ 对于现有的教师队伍中不适合在学校工作且有可能危及学生安全的人员，要及时予以解聘或调离。

★ 加强对教师的师德教育和法治教育，规范教师的日常执教行为，禁止教师体罚学生或实施其他侵犯学生合法权益的行为。

11．平时，学校应当开展管制刀具等危险物品的查处、收缴工作，严禁学生将管制刀具等危险物品带入校园，防止有暴力倾向的学生利用刀具、棍棒不计后果地伤害他人。

12．为了避免因为校内的一些矛盾纠纷处理不当而引发极端的个人暴力事件，学校应当开展校内矛盾纠纷排查调解活动。

★ 学校在处理涉及教师个人利益的事项上要保持公平、公正的立场，要主动关心教师的思想动态和工作、生活中的实际困难，防止因有关问题处理不公或欠缺有效沟通而产生矛盾；对已有的矛盾要进行疏导和化解，防止矛盾激化。

★ 班主任、任课教师以及负责学生工作的相关教师要深入学生当中，切实了解学生（特别是后进生）的思想动态以及在校学习、生活情况，发现学生之间的矛盾要及时予以疏导和排解，防止学生因冲动、心理障碍等对他人实施伤害。

13．学校应当通过各种形式对学生开展防范暴力伤害的安全教育，有条件的学校可以邀请公安人员及有关专家来校为学生做专题讲座，组织开展安全演练，增强学生的安全防范意识和自我保护能力。

★ 安全教育的内容要有针对性，要尽可能直观、具体，并注重实际效果，特别要加强躲避伤害及紧急疏散方面的演练。

★ 学校可教育学生掌握以下常识：

①平时遇到可疑人员，要做到五点，即“不跟着走”“不坐可疑的车”“放大嗓门”“迅速跑开”和“告诉大人”；

②遇到歹徒持凶器施暴，要迅速转身逃跑，要往周围其他大人的身后跑，特别注意不要迎着歹徒跑；

③在校园门口碰到歹徒行凶的，要尽可能向校园内的门卫室、教师办公室跑，并大声呼叫。

（三）校园暴力伤害案件的应急处理

14. 为了有效预防、及时控制和妥善处理校园暴力伤害案件，提高快速反应和应急处置能力，最大限度地保护在校师生的生命安全，维护校园的正常教育教学秩序，学校应当根据国家的有关规定并结合本校的实际情况，制定校园暴力伤害事件应急处理预案。

★ 预案应当包括工作目标、组织机构、预警预防、应急办法、善后处理等方面的内容。其中应急办法应当尽量周密且具有操作性，不同的犯罪情形应当有不同的应急办法。例如，当发生不法分子试图闯入校园实施暴力犯罪的紧急情况时，学校可采取如下应急处理办法。

①校园门卫、保安中一人立即上前阻止歹徒进入校园，与其周旋并拖延时间等待支援，另一人立即摁动紧急报警按钮，报警并通知校园指挥调度组；

②指挥调度组立即通过广播或警铃的方式通知全校师生，全面启动应急程序，各个职能小组迅速到位进入应急状态，各司其职；

③通信联络组立即向上级教育行政部门报告，与警方进一步联络，并拨打120急救电话；

④防暴行动组（由保安、护校队员、教师等组成）立即领取防暴装备赶到事发现场，将歹徒包围，将其控制在局部区域，伺机将其制服，同时门卫将校门封闭，防止歹徒逃跑；

⑤疏散引导组（由事发时各个班级的任课教师、校领导等组成）立即将学

生所在教室的门窗关好、锁好，防止歹徒闯入；如果学生正在室外活动或歹徒已进入教室，则应当立即按照既定的疏散线路将学生疏散到安全场所；

⑥医疗救治组及时赶到师生受伤的地点，对伤员采取紧急救助措施，必要时及时将其送往医院救治，同时通信联络组立即通知受伤学生的家长；

⑦警方赶到学校后，各职能小组配合警察进行现场处置。

第十九节　校园周边环境安全规范化管理操作指南

情境再现

据媒体报道，2012年11月7日，山东省某中学一学生家长举报，孩子被人勒索钱财，吓得不轻，放学不敢自己回家。接到报案后，警方经过几天调查锁定了嫌疑人。12日下午，民警将正在实施敲诈勒索的张某、郭某等三人抓获。经查，张某等三人自2012年3月以来敲诈勒索学生四十余次，盗窃多起，涉案价值达两千余元。同天下午，三中队民警将正在该中学附近实施敲诈勒索的李某、王某、刘某三人抓获，后又根据李某三人的供述，将另三名同伙刘某等三人抓获。经查，李某等六人自2012年6月以来，以恐吓等手段在肥城市几所中小学共敲诈勒索学生共二十多次，获取现金六百元。

问题思考

1. 校园周边环境中存在的问题主要有哪些？

2. 学校应当如何加强与政府相关职能部门的沟通、协调与合作，共同净化校园周边环境？

法规依据

《中华人民共和国未成年人保护法》《中小学幼儿园安全管理办法》

操作指南

（一）通则

1. 净化校园周边环境，营造安全、健康的学习生活环境，是教育事业的需要，也是我国法律法规对相关职能部门的硬性要求。教育、公安、司法行政、建设、交通、文化、卫生、工商、质检和新闻出版等部门应当建立联席会议制度，定期研究部署学校安全管理工作，依法维护学校周边秩序。

2. 学校应当调查、了解校园周边环境中存在的问题及其成因，积极主动地向相关职能部门反馈信息并取得其支持，配合相关部门整顿、治理校园周边环境，建立、完善校园周边环境的安全管理制度，保护未成年学生的安全与健康。

（二）校园周边治安环境的治理与维护

3. 为了维护学校周边良好的治安秩序，公安部门要坚决打击校园周边各类违法犯罪行为，预防针对学生的各类违法犯罪活动。

★ 对发生在校园及周边的侵害师生人身、财产权利的刑事及治安案件，公安部门应实行专案专人责任制，在出警、立案、侦破等方面予以有效保障，做到有案必破、违法必惩。

★ 公安部门平时应深入排查学校周边各类违法犯罪线索，清查治安隐患，对可能威胁师生安全的危险人员要加强管控。

①对经常在学校周边逗留的社会青年要登记在册；

②对有不良倾向的少年，要及时给予教育、警告和挽救；

③对校园周边的“黄、赌、毒”等丑恶现象要坚决铲除。

4. 在校园周边治安复杂地区，公安机关应考虑设立治安岗亭，有针对性地开展治安巡逻，强化治安管理。有条件的地方，可设立校园警务室，实行民警驻校工作制，将警力触角延伸到校园内部。

5. 在学生上下学时段，在校门口及周边应当能见到警察、警车，有警力在现场执勤，以保持对不法分子的威慑力。

6. 学校应当通过实地观察、暗访、向学生调查等方式了解校园周边治安存在的问题，向公安机关举报、反馈相关情况，争取公安机关及时干预、处理，积极配合当地公安机关落实公安部颁发的《公安机关维护校园及周边治安秩序八条措施》，建立协同工作机制，为公安机关履行职责提供必要的协助和配合。

7. 学校应当加强校园的人防、物防、技防建设，在学生上下学时段安排教师在校门口维持秩序，当发现针对师生的违法行为时应及时予以制止并报警；还可申请公安机关选派民警担任法治副校长或法治辅导员，负责学校的治安防范和法治教育工作。

（三）校园周边交通环境的治理与维护

8. 增设、完善校门口及周边的交通标志和交通安全设施，并加强对交通违法行为的打击力度。

★ 公安机关交通管理部门应当在学校周边道路上设置学校标识牌以及完善的警告、限速、慢行、让行等交通标志、交通安全设施，在学校门前的道路上施画人行横道线，有条件的地方还应设置人行横道信号灯。

★ 建设部门应当根据需要在部分学校门前的街道上修建过街天桥。

★ 公安机关交通管理部门平时应当在校门口及周边道路上加大执法力度，遏制各类道路交通违法行为，对超速、不按规定让行等违章行为予以惩处，以创造良好的交通环境。

9. 清理校门口的占道行为。

★ 为了保持校门口的出入畅通，公安机关交通管理部门应当在校门口设立禁停标志，禁止车辆停放；

★ 为了方便学生接送车辆的停放，在学校周边有条件的地方，可设置上下学时段的临时停泊车位，并由交警或交通协管员指挥学生接送车辆即停即走，防止拥堵；

★ 城市管理部门应清理校门附近的流动摊点，禁止小摊小贩在校门口及两旁的道路上占道经营。

10. 交通高峰期加强对校门口道路的疏导。

★ 对于地处复杂路段的小学和幼儿园，在学生上下学时段，公安机关交通管理部门应当派交警或交通协管员在校园门口的道路上维持交通秩序，疏导车辆和行人通行，保护学生安全。

11. 对于学校门前及周边地区存在的交通安全问题，学校应当及时向相关职能部门反映，申请、建议其采取相应措施予以治理和整顿。

12. 在学生上下学时间，学校应安排教师在校门口疏导师生及家长的通行。

13. 学校应当对学生加强交通安全教育，提高学生的交通安全意识和自我保护能力。

（四）校园周边饮食卫生环境的治理与维护

14. 卫生、工商管理部门应当加强对学校周边的餐饮单位、食品商店、流动摊点的卫生执法检查，重点检查从业单位的卫生许可证（注：餐饮业已陆续改为餐饮服务许可证，食品商店改为食品流通许可证）、从业人员健康证、原材料采购及索证、卫生设施、食品加工过程、餐具消毒、原材料储存以及环境卫生等情况，检查有无销售“三无”食品和假冒伪劣、有毒有害、过期变质以及其他不合格食品等。

★ 通过检查，发现存在卫生安全隐患的，要视情节轻重对经营者给予警告、责令改正、停产停业或吊销许可证等处罚；

★ 对于无照经营的小卖部、饮食摊点，工商管理部门依《无照经营查处取缔办法》予以取缔；

★ 对于在学校周边占道经营的流动摊点，城管等部门要依法予以清理。

15. 执法部门要将集中整治与日常检查结合起来，建立长效机制，防止不法商贩“打游击”“回潮”。此外，执法部门还应加强食品安全法治宣传，提高学校周边餐饮业、副食业等单位从业人员的卫生意识和法律意识，督促其合法经营。

16. 学校应当通过调查、走访了解校园周边是否存在违规经营食品、危害学生健康的现象，如果存在，则应当向相关职能部门举报、反映相关情况，要求予以整顿和治理。

17. 学校应当向学生开展以食品卫生为内容的安全教育活动，教育学生养成健康的饮食习惯，不要购买学校周边违规经营的不卫生食品。

（五）校园周边文化环境的治理与维护

18. 文化、工商管理等部门要严把文化娱乐场所开办的审批关，严格执行

《中华人民共和国未成年人保护法》和《互联网上网服务营业场所管理条例》等相关法律法规的规定，在中小学校200米范围内一律不得审批开设网吧、歌舞厅、游戏厅等经营性场所。对于原先已审批的，要动员、责令经营者限期搬离。

19. 文化、新闻出版、工商管理、城市管理等部门要对校园周边的网吧、电子游戏厅、书报刊店摊、音像制品店等文化娱乐经营场所加强执法检查，整顿、治理校园周边的文化环境。

★ 依法取缔无照经营的黑网吧、黑游戏厅、歌舞厅。

★ 处罚网吧超时营业、违规容留未成年人上网等不法行为。

★ 查缴危害青少年健康成长的有害卡通画册、淫秽“口袋书”、光盘等非法出版物。

★ 清理、取缔校园周边流动书摊、流动音像制品经营摊点。

★ 对于违法经营的商户，要依法视情节轻重给予警告、没收、罚款、责令改正、责令停业整顿或吊销许可证等处罚；构成犯罪的，由司法部门依法追究其刑事责任。

20. 学校应当本着对学生负责的态度，认真调查、了解本校周边文化环境的现状和问题，发现周边文化娱乐场所存在违法经营现象的，应当及时要求相关职能部门依法履行职责，整治校园周边文化环境。

21. 学校还应当通过对学生加强道德法纪教育，提高学生的思想辨别水平和自制能力，让学生了解不良文化的危害后果，督促其自觉远离不良文化场所，并对违纪学生加强批评教育，切实采取措施以防学生受到不良文化环境的毒害。

（六）校园周边生产安全与环境污染问题的治理

22. 建设、规划部门应严把审批关，在学校门口两侧一定范围内不得审批建设临时性建筑，已有的应当限期拆除；在学校周边一定范围内不得审批建设传染病院、精神病院、收容所、看守所、监狱、垃圾场、公共厕所、公共停车场以及易燃、易爆、有毒、有害、放射性、腐蚀性等危险物品的生产、经营场所。

23. 城管、建设部门应当责令相关单位、个人将校门口两侧及依傍学校围墙搭建的违章建筑、构筑物限期拆除，对拒不执行的应当依法予以强行拆除。

24. 公安部门应当加强对易燃、易爆、剧毒、放射性、腐蚀性等危险物品的生产、经营、储存、使用活动的管理，对可能威胁学校师生安全的要及时予以排除。

25. 环保部门应当定期对校园周边环境进行排查，特别要对排放废气、噪声污染物的企业、建筑工地、小作坊加强现场检查，依法严厉处罚违法排污、超标排污行为，保护校园环境免受污染。

26. 对校园周边存在的各种污染校园环境的违法行为以及其他可能危害师生安全与健康的生产、经营行为，学校应当予以劝阻，并向相关职能部门举报、反映情况，要求予以排除。

第二章 学生日常事务规范化管理

第一节　学生伤害事故规范化处理操作指南

情境再现

据媒体报道，陈某系重庆市綦江区某职教中心学生。2012年11月12日早自习时，班主任发现陈某脸有点肿，便询问陈某并叫其到医院检查，但陈某未到医院检查。次日早自习时，陈某脸肿未有好转，班主任又叫其到医院检查，但陈某仍未就医，班主任当天拨打了陈某留给学校的家长电话，告知了陈某病情。11月14日，陈某病情加重，卧床不起，班主任要求陈某要么到医院治疗，要么回家，并再次打通了家长电话并告知病情加重情况，陈某父亲于当日下午到学校将其接回家。后陈某病情更加严重，11月15日被送达当地医院，当日因呼吸循环衰竭死亡。事发后，陈某父亲以学校救治不及时为由，将当事学校告上法庭。法院经审理认为，学生在校期间突发疾病或者受到伤害，学校发现后未根据实际情况及时采取相应措施，导致不良后果加重的，依法应承当相应责任。被告学校在知道陈某生病后，虽多次劝导其到医院检查、治疗，并多次联系其家长，但在陈某病情逐渐加重家长又未在场情况下，未采取积极、稳妥、谨慎的措施及时救治，仅口头劝导陈某到医院治疗或回家治疗，消极等待陈某家长到学校接人，存在一定过错，与陈某死亡的不良后果有一定因果关系。因陈某家长对其死亡有重大过错，法院一审判决被告学校承担30%的赔偿责任。

问题思考

1. 学生在校期间出现身体不适的状况时，教师应当如何正确应对？
2. 发生学生伤害事故之后，学校应怎样合法、合规地进行处理？

法规依据

《中华人民共和国侵权责任法》《学生伤害事故处理办法》《中小学幼儿园安全管理办法》

操作指南

（一）通则

1. 学生伤害事故，是指学生在校上学期间或者在学校组织的校外活动中，因突发疾病或外力作用而导致受伤或者死亡的事故。

2. 学校应当建立、健全各个方面的安全管理制度，预防学生伤害事故。

3. 发生学生伤害事故，要遵循及时、合理、负责的原则进行处理。

（二）事故应急处理

4. 学生突发疾病应当尽早发现并得到处理。

★ 鉴于突发疾病若得不到及时治疗，有可能会造成严重后果，学校平时应当教育学生，身体不舒服要及时告诉教师而不要硬撑。

★ 学生特别是班干部发现身边的同学身体不适，要及时向教师汇报。

★ 任课教师发现学生身体不适后，要立即带领或者安排其他学生带领患病学生去学校医务室接受检查，并通知班主任。

★ 对于身体不适的学生，任课教师不得简单地让其趴在课桌上休息或者直接回学生宿舍休息，以免耽误治疗。

5. 校医经检查发现学生病情严重或有恶化可能时，应当立即向校长或主管安全的副校长汇报，并视病情需要采取合理的紧急救援措施。

★ 学校领导应当立即指派专人拨打“120”急救电话，若附近有合适的医院或“120”急救车辆来校所需时间较长，学校应当将患病学生送往就近的医院治疗。学校自行送诊的，在搬抬患者时要遵循救援常规，防止因搬抬方式不当而导致患者病情加重或给其造成新的伤害。

6. 在校医判断学生病情严重或有恶化可能时，班主任应当立即与学生家长联系，告知学生的病情，让家长及时赶到。

7．当学生因遭受外力伤害（如摔倒、在运动中受伤、同学间磕碰、斗殴、实验课上的意外事故等）而导致出现流血不止、骨折、体表肿胀、头部或脏腑等器官剧烈疼痛、窒息、休克等症状后，应当及时送到医院进行救治，避免因延误治疗而导致伤势加重甚至不治身亡。

★ 一旦发生前述事故，周围的学生、任课教师应当立即通知班主任和校医，校医应当在第一时间内到达现场，并根据伤情采取紧急救助措施（如止血、包扎伤口、固定受伤肢体、实施心肺复苏等）。

★ 班主任应当立即向学校校长或主管安全的副校长汇报，并及时通知学生家长。

★ 校医在现场查看后认为需要送往医院治疗的，学校领导应当立即指派专人拨打120急救电话，若附近有合适的医院或120急救车辆来校所需时间较长，学校应当将受伤学生送往附近的医院治疗。学校自行送诊的，在搬抬伤者时要遵循救援常规，防止因搬抬方式不当而导致伤者病情加重或给其造成新的伤害。

8．将患病或受伤的学生送到医院后，学校可先行垫付医疗所需费用。凡校方垫付的费用，学校应当保管好医疗费发票的原件，以备治疗终结、责任确定后与学生家长结算费用之需。

（三）学生伤害事故的报告

9．发生学生伤害事故后，若情形较为严重，学校应当及时向主管教育行政部门报告。特定类型的安全事故，还应当依法向有关部门报告。例如食物中毒事件还应当向卫生行政部门报告；传染病暴发、流行时还应当向当地疾病预防控制机构报告疫情；事故可能涉及治安、刑事案件的，还应当向公安部门报告。

10．原则上，在事故发生后两小时之内，学校即应当向教育行政部门和有关部门报告。教育行政部门和有关部门对报告时限有专门规定的，学校应当遵守其规定。

（四）调查事故原因，保存相关证据

11．查清事故原因、明确事故责任，是妥善处理善后事宜的先决条件。鉴于某些可用于证明事故发生经过的证据可能会随着时间的流逝而灭失或者变得

不易取得，学校应当尽早启动内部的事故调查程序，查明事故发生的原因、场合背景及过程，搜集并保存好可以佐证前述事实的相关证据。

12. 在将学生送医救治后，学校即可成立专门小组或指定协调、执行能力较强的干部，开始着手对事故展开调查。事故调查的方式包括：向事故的目击证人询问；提取、查看现场监控视频；让肇事者、受害者陈述事故发生经过；等等。经过事故调查获取的证据，应当以书面或视听资料的形式予以保存。

★ 事故的目击证人，是指在现场耳闻、目睹事故发生经过的学生、教职工（不包括肇事的学生、教职工及受害学生）。学校可让目击证人独立书写事故发生的经过，书写者应当在末尾签署名字和日期，并附上自己的身份证明材料（如身份证、学生证的复印件）。

★ 监控视频是较为客观、效力较强的证据，学校不得删除、篡改原始的事故现场监控视频资料，在提取、复制监控视频资料时应保持其内容的完整性，不得进行编辑和加工。

★ 对肇事学生、受害学生进行调查时，有条件的，可让其书写事情发生的经过；因条件所限不方便书写的，学校可对其口头陈述的事发经过进行录音、录像。调查过程中，学校及其教师不得以任何方式对肇事学生、受害学生进行恐吓、威胁，不得诱导其做虚假陈述。对受害学生的调查应当谨慎进行，不得影响学生的治疗，避免引发学生家长的抵触情绪。

★ 对于在事故调查过程中获得的证据材料，学校应当指定专人进行妥善保管。

（五）事故纠纷的处理

13. 发生学生伤害事故之后，围绕着事故责任的归咎和赔偿责任的承担问题，学校和受害学生的家长之间很可能会产生矛盾和纠纷。事故纠纷的解决方式包括协商、调解和诉讼。

★ 协商是指受害学生的家长和学校之间通过商量、谈判的方式来解决纠纷。通过协商后双方对赔偿金额达成一致意见的，学校可以与学生的监护人签订一份一次性事故处理协议，约定由学校支付给受害学生一定的赔偿金或者补偿金，收到赔偿金或者补偿金后学生及其监护人不再追究学校的责任，双方的债权债务关系就此结清。

★ 如果双方无法通过协商解决纠纷，还可以尝试寻求第三方居中进行调解。教育行政部门和街道办事处（或乡镇）的司法所都可以承担调解者的角色。

★ 通过协商和调解都无法解决事故纠纷的，学校应当引导家长向法院起诉，通过诉讼的方式解决纠纷。

14. 解决事故纠纷的焦点在于学校在事故中的责任问题，即学校有无责任、责任大小。按照法律的规定，学校有过错，未尽到教育、管理职责的，应当承担相应的责任（主要过错的，承担主要责任；次要过错的，承担次要责任）；学校并无过错，已尽到教育、管理职责的，不承担责任。

15. 事故是由于其他肇事学生的行为而引发的，学校可以组织肇事学生的家长和受害学生的家长进行调解。事故是由学校以外的第三者的行为引发的，学校应当协助受害学生向第三者索赔。

16. 在处理事故纠纷过程中，学校应当关心受害学生，理解家长的心情和感受，不得以冷漠、生硬的态度对待家长，不得有可能激化矛盾的言行，防止家长采取激烈的、非理性的方式维权。

17. 如果家长采取极端的方式维权，聚众冲击学校的正常教育教学秩序，学校可以报警，请求警方依法出警进行妥善处理，以维护学校的正常教育教学秩序。

第二节 校园欺凌防范与规范化处理操作指南

情境再现

据媒体报道，在安徽某小学六年级的一个只有7名学生的班里，13岁的副班长，拥有检查作业、监督背书等权力。然而，就是通过这点权力，他向包括正班长在内的6个孩子要钱。学生钱没给够，他就逼迫学生喝尿吃粪。他平时上学甚至到网吧上网，有专门的孩子骑车来接送；他要来的钱，有专门的孩子替他保管……被欺凌的学生向家长哭诉自己的遭遇后，家长们找到学校，把情况反映到当地教育局。很快，媒体纷纷报道，警方介入调查。教育局也很快认定了部分事实，并做出处理：撤销涉事班级班主任的教师资格，调离所在小学；撤销校长职务，调离所在小学。

问题思考

1. 学校应当怎样防范校园欺凌行为的发生？
2. 对于已经发生的校园欺凌事件，学校应如何依法处理？

法规依据

《中华人民共和国未成年人保护法》《中华人民共和国预防未成年人犯罪法》《中小学幼儿园安全管理办法》《国务院教育督导委员会办公室关于开展校园欺凌专项治理的通知》《教育部等九部门关于防治中小学生欺凌和暴力的指导意见》《加强中小学生欺凌综合治理方案》

操作指南

（一）通则

1. 校园欺凌行为对当事学生的身心健康、人格发展会产生长期的、程度不一的负面影响，也会损害学生之间正常的人际关系，破坏学校良好的学习和生活氛围。对校园欺凌行为处置不及时，有可能会引发安全事故，甚至会演变成公共事件，产生恶劣的社会影响。

2. 治理校园欺凌重在预防，要建立完善的防范制度。一旦发生校园欺凌行为，学校要及时依法依规进行处置，维护学生的合法权益。还应做好善后工作，持续对当事学生进行追踪观察和辅导教育，帮助学生恢复正常的学习生活。

3. 校园欺凌，是指发生在学生之间的，一方（个体或群体）单次或多次蓄意或恶意通过肢体、语言及网络等手段实施欺负、侮辱，造成另一方（个体或群体）身体伤害、财产损失或精神损害等的事件。

4. 校园欺凌的形式一般可以分为四类：肢体欺凌，语言欺凌，关系欺凌（亦称社交欺凌），网络欺凌。

★ 校园欺凌具体包括但不限于以下各种行为。

①对受害者的身体进行攻击，包括拳打脚踢、掌掴、推撞、绊倒、用硬物锐器攻击、拉扯头发、朝受害者身上抛扔硬物或抛撒污秽之物等。

②对受害者的物品进行攻击，包括抢夺他人物品、故意毁坏或弄脏他人物品、故意抛弃他人物品、故意隐匿他人物品，以及逼迫受害者毁坏自己的物品等。

③向受害者勒索财物，包括勒索金钱、物品等。

④威胁、强迫受害者去做有损自身身心健康和人格尊严的事情，例如强迫其拍打自己、舔舐秽物、脱裤子、做淫秽动作等。

⑤威胁、强迫受害者为其提供劳务，如为其代写作业、代为值日或者为其跑腿等。

⑥用粗鄙的语言侮辱受害者，包括叫侮辱性的绰号，讥笑、贬损他人容貌、疾病和生理缺陷、种族、宗教信仰以及其他与他人不同之处等。

⑦故意编造、传播对受害者不利的谣言，使得受害者被同学和老师误解、

受到处分、名誉受损。例如造谣说受害者偷东西、打架、考试作弊等。

⑧画侮辱、猥亵、负面的图案，或者书写脏话、侮辱性文字，诋毁、中伤他人。

⑨在人际交往中，以羞辱他人或取乐为目的，故意排斥、孤立受害者，不让其加入某一群体或组织，或者阻止他人与受害者交往，或者在分组活动时拒绝与受害者同组。

⑩在微信、QQ、网站论坛等社交媒体上，通过文字、声音、图片、视频等形式，攻击、侮辱受害者，或者散布关于受害者的谣言，或者公布受害者的隐私。

（二）校园欺凌的日常预防

5. 在班级中，对于有欺凌他人倾向的学生，学校、班主任和其他教师平时应当对其加强关注和管理，必要时应为其建立专门的行为管理档案。

★ 以下几类学生容易成为欺凌者：

①性格强势、霸道、较自我中心的学生；

②崇尚暴力、缺乏同情心的学生；

③平时常有抽烟、喝酒等违纪行为的学生；

④非正式小群体中的领头人。

6. 在班级中，学校、班主任和其他教师平时应当对易被欺凌的学生加强关注，给予更多关爱，并注意培养其自信心和交往能力。

★ 以下几类学生易成为被欺凌者：

①生理发展比较迟缓或弱小的学生；

②存在身体障碍或智力障碍的学生；

③性格比较内向、害羞、胆小的学生；

④性格不合群、缺少朋友的学生。

7. 学校、班级平时应加强校园文化、班级文化建设，营造团结、友爱、平等、健康向上的校园文化和班级文化。应当按照国家的规定和要求，对学生开展思想品德教育、法治教育和心理健康教育，培养学生明是非、知礼仪、珍爱生命、尊重他人、遵纪守法、自尊自信、乐观向上的良好品质。

8. 在学期初或学期中，要按照国家规定开展预防校园欺凌的专题教育。

学校应利用课堂教学、专题讲座、主题活动、班会、板报、知识竞赛、参观实践等多种渠道，通过呈现典型案例、设计问题讨论、组织角色扮演、学习法律法规和校规校纪、培养同理心和共情能力等方式，让学生认识到欺凌行为可能对被欺凌者及其家庭造成的伤害后果，明白欺凌他人是违纪甚至违法的行为，是要受到教育惩戒甚至法律制裁的；平时不但自己不应实施欺凌行为，看见同学欺凌他人，还要予以制止或者及时向老师报告，而不能无动于衷地在一旁围观甚至“助威喝彩”；也让被欺凌的学生明白，受到欺凌并不是自己的过错，要及时告诉老师和家长，向老师和家长求助并不丢脸，相信他们可以帮助自己渡过难关。

9. 在学期中，学校应通过家访、家长会、家长学校、发放专题宣传材料等途径，帮助家长了解防治学生欺凌的知识，督促其增强监护人责任意识，加强对孩子的管教，教育子女既不要对他人实施欺凌行为，又要学会保护自己免受他人欺凌。

10. 调查研究结果表明，校园欺凌存在着高发时段和高发区域。

★ 高发时段：①课间休息时间；②午休时间；③没有教师看管的活动课时间；④放学后；⑤上下学途中。

★ 高发区域：①厕所；②学生宿舍；③操场；④楼道；⑤教室；⑥校门口及周边。

11. 学校应当严格落实值班、巡查制度，于学校负有安全管理职责的时间段内和空间范围内，在校园欺凌高发时段，重点安排教师在校园欺凌高发区域值班、巡逻，及时发现、制止学生之间的欺凌行为，并做好教育和上报处理工作。

12. 平时，学校应当做好安全教育和安全检查工作，禁止学生携带管制刀具、打火机、棍棒等危险物品进入学校。有条件的学校，可在校园内安装高清摄像头，在不侵犯学生隐私权的情况下，对重点区域进行覆盖，通过物防、技防手段加强对学生的管理。

13. 对于校门口治安形势较为复杂或者校门口及其周边常发生学生被欺凌事件的学校，校方应当主动与当地派出所联系，申请在校门口周边设立治安岗亭，或者在上下学期间派出警力在校门口周边值班巡逻，维持治安秩序。学校还应通过严格落实校门口值班制度、与家长配合做好学生上下学接送的交接工作等方式，保证学生的安全。

（三）校园欺凌的发现和举报

14．学校应当以便捷的形式建立校园欺凌举报通道，鼓励学生及时举报自己所遭遇或者旁观的学生欺凌行为。尽可能设立多种举报通道，包括设立邮箱、信箱，开通热线电话，安排专人接待等。举报通道要便于保护学生的个人隐私。

15．班主任应当经常深入学生当中，了解学生之间的人际交往情况。必要时，可通过在班级指定紧急事件报告员（也可由班干部兼任）、建立班级日志、向全班同学发放匿名调查问卷等方式，了解本班可能存在的学生欺凌现象，第一时间获知班里发生的欺凌事件，并及时进行干预，防止事态升级。

16．当发现学生出现下列情形时，班主任和家长应当互相通报信息，并以妥当的方式向学生本人了解原因，查明其是否遭受他人欺凌，必要时还应及时上报学校处理。

（1）身体表面无故出现瘀伤、抓伤等人为伤痕；

（2）书本、文具常常丢失或破损，或者频繁地向家长要钱；

（3）如厕习惯变得反常，课间不去，改在课上去，或者非得回家才上厕所；

（4）突然变得逃避上学，常常装病请假甚至逃学；

（5）在校期间或者回家后，总是神情沮丧、情绪低落、精神恍惚；

（6）学习时变得难以集中注意力，成绩急剧下滑；

（7）突然变得焦虑、易怒，感叹活得没意思；

（8）经常自责，甚至出现自伤自残行为；

（9）频繁地出现失眠、噩梦、尿床等现象。

（四）校园欺凌事件的处理制度

17．学校应当成立防治校园欺凌的组织机构（例如“校园欺凌防治小组”“学生欺凌治理委员会”等，下文统称“学校反欺凌机构”），负责组织实施本校的学生欺凌防治工作，包括负责反欺凌教育、日常防范、规章制度的制定、欺凌事件调查与处置、事后追踪观察和辅导教育等方面的工作。组织机构的成员应当包括校长、分管德育或安全工作的副校长、学校团组织或少先队负责人、学校德育干部、保卫干部、年级组长、班主任代表、学生家长代表、社区工作者、心理工作者、法律工作者等。

18. 学校应当建章立制，制定关于校园欺凌的认定及违纪处理的规章制度。例如制定《学生欺凌行为预防与违纪处理办法》（也可在综合性的校规校纪中设置专门的章节，规定学生欺凌的处理制度）。

★ 通过制定反欺凌校规，明确告诉学生，学校禁止哪些学生欺凌行为，以及违规实施后可能遭受的教育惩戒或纪律处分。

★ 在制定反欺凌校规的时候，学校可采取“开门立法”的方式，广泛动员学生、家长、教师等人员共同参与，集思广益，扩大校规的“群众基础”。

19. 反欺凌校规制定之后，要向全体师生正式公布，并组织专门的宣传教育活动。

★ 通过宣传和教育，让学生及其家长了解反欺凌规定的内容，明白防治校园欺凌的重要意义，从而增强学生遵守校规的自觉性，并减少在违规处理时可能遭遇的来自学生及其家长方面的对抗情绪。

★ 为了强化宣传和教育效果，学校还可根据需要组织学生参加签名、宣誓等仪式活动。

20. 学校应制定、完善对学生欺凌行为的处理流程，合法合规地处理学生之间发生的欺凌行为。

21. 学校处理学生欺凌行为，可按如下流程进行：

（1）偶发且轻微的学生欺凌行为，班主任应对欺凌者进行批评教育，责令其向被欺凌者当面或书面道歉，并对被欺凌者进行安抚、关怀；事后还应继续跟踪观察处理效果。年级组长监督、指导、协助班主任处理此类欺凌行为。

（2）发现下列欺凌行为，班主任应当立即上报学校，由学校反欺凌机构进行处理：

①欺凌者屡次发生欺凌行为；

②被欺凌者屡次遭受欺凌；

③欺凌行为性质恶劣，假如殴打他人，往他人身上泼洒粪便，哄骗、强迫他人吞食粪便、泥土、虫子、口水，逼迫他人下跪，逼迫他人做淫秽动作，向他人勒索钱财等；

④欺凌行为后果严重，例如给受害者造成明显的外伤，致使受害人精

神非常痛苦甚至产生心理障碍，致使受害人畏惧上学，受害者的家长反应强烈等。

⑤欺凌行为影响恶劣，例如引发本校众多学生或家长的集体抗议、谴责，被媒体曝光而引发社会关注等。

⑥欺凌者对举报其欺凌行为的学生实施打击报复。

（3）无论是受害者或其家属自行投诉，还是知情者举报，抑或班主任、其他教职工上报，接到学生欺凌事件的报告之后，学校反欺凌机构应当尽快着手进行处理，不得懈怠、拖延处理或隐瞒不处理。对于需要就诊的受害者，学校应当在第一时间内配合家长将学生送往医院就诊，防止因延误治疗而导致病情加重。

（4）属于偶发的轻微欺凌行为，学校反欺凌机构应当移交给班主任进行处理，其他欺凌行为由学校反欺凌机构负责处理。

（5）对应当由学校反欺凌机构负责处理的欺凌事件，该机构要尽快成立调查小组，对欺凌事件的详情展开调查。调查小组由主管副校长、德育干部、年级组长、教师代表等成员组成，重大欺凌事件还应当吸收学生代表、家长代表参加调查小组。

（6）调查小组的成员应对工作成果保密，不得对外泄露。未经校长的批准，调查小组成员不得就欺凌事件接受新闻媒体的采访。学校应当在本校反欺凌机构中指定一名组织纪律性较强、具有一定的法律知识和较高的政策理论水平、语言表达能力较强的人员作为新闻发言人，代表学校接受媒体的采访。

（7）调查小组通过查看现场监控录像、询问欺凌者和被欺凌者、询问欺凌行为发生时在现场的目击证人、向班主任及任课教师了解欺凌者和被欺凌者过往的表现、查阅欺凌者和被欺凌者的学籍及健康档案了解其过往的表现和经历、查阅医疗诊断证明与病历等方式，调查欺凌事件的发生过程、原因、后果及相关情况。必要时，调查小组还可询问欺凌者和被欺凌者的家长，以便了解有关情况。调查小组在调查过程中应当做好笔录（询问笔录应当有被询问者的签名），在维护学生合法权益、保证学生身心健康的情况下，还应尽可能通过拍照、录音录像、提取书证和物证等方式保留、固定证据。

（8）对于搜集到的各方面证据，调查小组应当谨慎地进行审查和辨别，判断其客观性及其与欺凌事件的关联性，据以还原欺凌事件的全貌。查明欺凌事件的发生过程、原因、后果及相关情况后，调查小组制作调查报告，并将其提交给学校反欺凌机构，供后者作为继续处理欺凌事件的依据。

（9）学校反欺凌机构根据调查小组提供的调查报告，并依据本校反欺凌方面的校规校纪，决定以下事项的处理：

①实施对受害者的保护、救助、辅导措施，以帮助其恢复正常的生活；

②对欺凌者给予教育惩戒或纪律处分；

③实施对欺凌者的帮扶、矫正措施，以帮助其彻底改正错误，正常地融入集体生活。

（10）学校反欺凌机构在处理欺凌事件期间，应当对受害者采取临时性的保护措施，并对欺凌者加强教育和管理，防止受害者再次遭受欺凌或遭到欺凌者的报复。

（11）学校反欺凌机构在处理欺凌事件过程中，发现有证据证明欺凌事件可能涉及治安违法或刑事违法的，应当立即向公安机关报案，并积极配合公安机关的调查取证工作。

（12）调查小组提交的调查报告认定欺凌者确实对受害者实施了欺凌行为的，学校反欺凌机构应当通过讨论和表决，拟定对欺凌者的教育惩戒或纪律处分措施，并将拟定的措施告知欺凌者的法定代理人，听取欺凌者及其法定代理人、委托代理人的陈述和申辩。依据欺凌事件的事实和校规校纪确需对欺凌者实施教育惩戒或纪律处分的，学校反欺凌机构应当以学校的名义做出教育惩戒决定书或纪律处分决定书。

（13）教育惩戒决定书或纪律处分决定书应当向欺凌者的法定代理人送达，并告知欺凌者本人。对于给予欺凌者纪律处分（包括警告、严重警告、记过、留校察看、开除学籍，学校不得违反法律和国家规定开除未成年学生，特别是不得开除尚在接受义务教育的未成年学生）的，学校应当告知被处分的学生有权提出申诉。

（14）被处分的学生向学校提出申诉的，学校的学生申诉受理机构应当予以受理，并对学生的申诉进行复核。学校经复查后做出维持或变更处分的决定。复核决定仍然对违纪学生实施纪律处分的，应当告知学生有权向上级教育行政部门提出申诉。

（15）学校对欺凌者的教育惩戒决定书或纪律处分决定书不得公开宣布，

但应当以适当的方式让本校师生知道校方对欺凌事件的处理结果。

（五）校园欺凌事件的善后处理

22．校园欺凌事件发生后，学校应当立即对受害学生实施救助；对于需要诊断治疗的，学校应当在第一时间内与受害学生的家长取得联系，及时将学生送往医院救治，防止因延误治疗而导致损害后果加重。

23．对于受害学生因为治疗而产生的相关费用，学校可组织欺凌者和受害者双方家长进行协商。欺凌者的家长拒绝支付费用的，学校在有财力的情况下可先行垫付费用，并及时通知承保校方责任险的保险机构。学校及欺凌者和受害者双方家长对相关费用的承担问题无法达成一致意见的，可提请上级教育行政部门、司法所或者其他第三方调解机构进行调解。无法通过协商和调解解决的，应当建议受害学生的家长通过诉讼寻求解决。

24．受害学生因为欺凌事件而导致心理健康受到影响的，学校应通过合适的途径聘请有资质的心理工作者，对受害者开展心理辅导工作，帮助其走出心理阴影，恢复身心健康。

25．学校应当制订专门的计划，帮助受害者树立自信，自尊自强，建立正常的人际关系，恢复正常的在校学习生活。教师应当对受害学生给予更多的关爱、帮助和支持。

26．对于欺凌者，学校应当充分了解其行为动机和深层原因，在家长的配合之下，有针对性地对其开展思想、道德、法治和心理健康教育，帮助其认识错误、改正错误，建立良好的行为习惯，正常地融入校园集体生活。

第三节　学生着装、发型、妆饰规范化管理操作指南

情境再现

据媒体报道，2014年2月24日，辽宁省千山市某中学开学第一天，高三学生张某因为刘海儿太长，发型不符合学校要求，上学时被教师挡在了校门外。据张某说，当天早晨因为染发、头发长、涂睫毛膏等原因被挡在校门外的学生有八十多人，男女生都有，男生居多。对此，有的学生觉得只要不影响学习，头发是长是短，那是自己的事。有家长认为，学校因为发型不合格就不让学生进校门，已经影响到了孩子的学习。也有家长支持学校的做法，但觉得如果学校可以用其他方式进行教育，效果会更好。校方则称，根据学生守则，学校多次提出要求，让学生注意仪容仪表。有的学生头发长，学校让其理完发再进校门，因为开学第一天上午9点50分才正式上课，理发并未影响学生正常上课。

问题思考

1. 学校应怎样对学生的着装、发型、妆饰等仪容仪表问题提出要求并采取相应的管理措施？

2. 在对学生的仪容仪表问题进行管理的过程中，学校如何避免侵犯学生的合法权益？

法规依据

《中华人民共和国未成年人保护法》《中小学生守则》

操作指南

（一）通则

1．学生对着装、发型、妆饰的选择享有法律上的自由，但学校亦有权依法制定校规对其进行必要的管理，以保障教育目的的实现。

2．在管理学生的着装、发型、妆饰过程中，学校应当在统一管理与尊重学生的个性自由、严格执行校规校纪与保护学生的法律权利之间找到平衡，禁止采用过度强制的管理手段，以免侵犯学生的合法权益。

（二）学生着装、发型、妆饰的日常管理

3．学校应当针对学生的着装、发型和妆饰问题制定校规，并以此作为管理学生相关行为的制度依据。学校可以制定单独的校规，也可以在综合性的校规中做出专门的条款规定。

4．相关校规应当明确规定学校提倡的行为、要求的行为和禁止的行为；还应当规定学生违反规定后，本人或所在班集体将要面临的学校给予的教育处理措施。

5．相关校规制定之后，应当向学生公布，让学生及其家长知晓其内容、理解其意义，增强学生遵守校规的自觉性。

6．学生的着装，应遵循“朴素、大方、整洁、得体”的原则，体现学生的年龄和身份特点，体现学生朝气蓬勃、奋发向上的精神面貌。

7．学生的着装应当合体，不穿过于宽松或过于紧身的衣裤，以免妨碍正常运动，影响身体的正常发育。体育课和室外活动课应当穿着运动服和运动鞋。

8．上学期间，学生不得穿高跟鞋、皮鞋、拖鞋；男生不得穿背心入校，女生不得穿超短裙、吊带背心、无袖上衣及过于透明的衣服。学生的穿着不应追求成人化、时尚化，不得穿着奇装异服入校。

9．为了促进学校校园文化建设、培养学生的集体主义观念和勤俭朴素作风、遏制学生在穿着上互相攀比的风气，学校可以倡导学生穿着学校统一订制的校服。学生参加学校组织的重大节日庆祝活动、升旗仪式、大型集会、外出参观等集体活动时，应当按学校要求穿着统一的制服。

10．学校在订制校服时，应当听取家长委员会的意见，由家校双方共同选

定校服的款式及价格范围，并与教育行政部门通过政府招标选定的生产厂家，签订规范的订购合同。学生购买校服的数量，应当遵循自愿的原则，由学生在满足学校统一着装基本要求的前提下，结合自己的需要和家庭经济能力自主决定，不允许强制配售。

11. 学生不得在校服上写字或涂画，不得在校服上吊挂饰物。

12. 学生的穿着应当保持整齐干净，衣领翻好，扣子扣齐，腰带、鞋带系好；还应当按照规定佩戴校徽、校牌。

13. 对于发型、着装违反校规的学生，学校可视情况给予口头批评教育、责令限期改正、扣除所在班级的文明评比的分数等惩戒，不得禁止其入校，不得令其回家换装，不得让其停课，不得强行剪去其头发，不得强行脱去其身上的服装或令其当众换装，不得实施其他侵犯学生的人格尊严权和受教育权的行为，必要时可通知其家长配合学校做好教育工作。

14. 学生的发型应当简便、整洁、自然、长短适中，符合学生身份，体现朝气蓬勃的精神面貌。

15. 男生不剃光头（因疾病治疗或生理原因需剃光头的除外），不染发（染成黑色的除外），不烫发，不理奇异发型，不留长发，头发的长短应“前不扫眉、侧不过耳、后不过颈”。

16. 女生要求理运动短发或扎马尾辫，不染发（染成黑色的除外），不烫发，不披散头发，不梳怪发型，头发的长短应“前额刘海不过眉、头发不遮眼和脸、过领头发须扎起”。

17. 上学期间，学生不佩戴首饰（如耳环、耳钉、手链、项链、戒指等饰品），不化妆（不涂抹口红、画眉画眼线、粘眼睫毛，专业课或表演活动要求的除外），不得文身、绘身，不得在体表粘贴文身贴，不得实施其他与学生身份不符的化妆打扮。

18. 学生违反校规佩戴首饰、进行化妆的，学校应当通过耐心的思想教育，说服其摘下配饰，或者让其利用课余时间进行整改。学生的妆饰可能危及其自身或他人人身安全与健康的，或者有损民族尊严、公众感情的，或者损害民族团结、伤害宗教信徒感情的，学校应当及时采取应急处置措施，保护学生的人身安全，防止产生不良的社会影响。

第四节 学生人格权保护与侵权防范规范化管理操作指南

情境再现

据媒体报道，李某在汉口一所小学读四年级，父母一直感情不和。2016年上半年，其父母正式离婚，李某开始变得沉默寡言。为了使李某开心起来，班主任老师专门召集班干部开会，让他们平时多关心李某，并说出了李某父母离婚的事。班干部们更加关心李某，却使他变得更加沉默孤僻了，还出现了自闭、抑郁等倾向。因为班干部们将其父母离婚一事传播了出去，全班同学都知道了。李某的母亲带孩子去看心理医生，确认了孩子患轻度抑郁症，她认为此事与老师将其夫妇离婚一事公布有很大关系，于是决定起诉老师。

问题思考

1. 什么是隐私权、名誉权？

2. 学校、教师在管理学生的过程中，如何避免侵犯学生的隐私权、名誉权等人身权利？

法规依据

《中华人民共和国民法通则》《中华人民共和国民法总则》《中华人民共和国侵权责任法》《中华人民共和国未成年人保护法》

操作指南

（一）通则

1. 人身权是公民最基本的权利，为我国宪法和法律确认和保护。学生首先是一个公民，学校及其教职工在日常教育教学活动中，特别是在管理学生的过程中，应当尊重和保护学生的人身权，防止发生侵权行为。

2. 教职工侵犯学生的人身权，一方面不仅损害学生的合法权益，危害其自身心健康和安全；另一方面还败坏了教育者的形象，产生恶劣的示范效应，极大地削弱了教育效果。

3. 人身权包括生命健康权、隐私权、名誉权、肖像权以及人身自由权等。按照法律规定，侵犯他人人身权的，应承担停止侵害、消除影响、恢复名誉、赔礼道歉、赔偿损失、支付精神损害抚慰金等民事责任；情节恶劣、造成严重后果的，侵权人甚至还有可能被追究刑事责任。

（二）学生生命健康权的保护与侵权防范

4. 生命健康权是公民的生命权和健康权两种权利的统称，是公民享有的最基本的人权。生命权是指公民享有的生命安全不被非法剥夺、危害的权利；健康权是指公民保护自己身体各器官、机能安全的权利。生命与健康是公民享有一切权利的基础。

5. 对于犯错误的学生，为了帮助其认识错误、改正错误，教师可以对其进行批评教育或者实施其他教育惩戒措施，但不得对其进行体罚。

★ 体罚是指通过对身体的责罚，特别是造成疼痛，来对学生进行惩罚的行为。常见的体罚形式包括：打手心、拧耳朵、打臀部、长时间的罚站、罚跪、半蹲、罚举重物、过度罚抄课文、罚作业（后两种为变相体罚）等。体罚不仅会伤害学生的肉体，危害其生命安全和健康；还会损害其人格尊严，影响其身心健康成长。

★ 对于实施了体罚行为的教师而言，根据学生的身体受伤害程度的不同，有可能面临三个方面的法律责任。

①行政责任。对学生实施体罚的教师可能会被有关部门给予行政处分或行政处罚。其中行政处分由学校或教育行政部门做出，包括警告、记过、

记大过、降级、撤职和开除六种形式。行政处罚则由教育行政部门或公安机关做出，其中前者做出的处罚主要包括警告、撤销教师资格等；后者做出的处罚是予以治安拘留（期限为一至十五日），主要适用于教师对学生的体罚给学生的身体造成了明显的伤害（轻微伤等级），但又不够刑事立案标准的情形。

②民事责任。体罚给学生造成身体伤害的，侵权人应当赔偿受害者医疗费、营养费、护理费、交通费等损失和支出；造成残疾的，还应当赔偿残疾赔偿金等；造成死亡的，还应当赔偿死亡赔偿金、丧葬费等；造成受害者精神损害且后果严重的，还应当赔偿精神损害抚慰金。

③刑事责任。体罚造成学生的身体受到严重伤害（轻伤或重伤等级）或导致学生死亡的，还应当承担相应的刑事责任。

6. 教职工不得出于戏弄、发泄不满或惩罚等任何目的，虐待在校就读或寄宿的未成年学生，禁止损害其身心安全与健康。

★ 虐待，主要是指行为人违反监护、看护职责，采取打骂、捆绑、冻饿、限制自由、凌辱人格、强迫吃安眠药、不进行必要的看护和救助等方法，从肉体上和精神上对被监护、看护人进行摧残迫害。

★《中华人民共和国刑法》规定，对未成年人负有监护、看护职责的人虐待被监护、看护的人，情节恶劣的，处三年以下有期徒刑或者拘役；同时构成其他犯罪的，依照处罚较重的规定定罪处罚。

7. 学校应当为在校就读的学生提供安全的教育和生活设施，建立健全各项安全管理制度，经常性地对学生开展安全教育，加强对学生的管理，及时消除潜在的安全隐患，防止发生安全事故。当学生发生意外伤害后，学校应当及时履行救助义务，防止损害后果进一步扩大。

8. 教师在教育教学过程中，应当认真履行对学生的教育、管理职责，采取充分的措施消除各种安全隐患，及时制止学生做出的危险性行为，预防发生课堂安全事故。对于突发疾病的学生，教职工要及时带其检查、就医，防止因延误治疗而导致病情恶化。

（三）学生隐私权的保护与侵权防范

9. 隐私权，指自然人享有的私人生活安宁与私人生活信息依法受到保护，不受他人侵扰、知悉、使用、披露和公开的权利。隐私权被侵犯，通常会给受害者带来心理压力和负担，给其造成极大的精神痛苦，甚至会令其失去生活的信心和勇气。

10. 教职工在日常工作中应当注意保护学生的个人隐私，对于在工作中掌握的关于学生的一些个人信息和资料，要予以保密，不要泄露，不要公开谈论。

★ 需要保密的学生个人信息和资料包括：

①学习成绩及排名；

②心理健康档案；

③过去的不良经历；

④收养关系；

⑤过去遭受性侵害的经历；

⑥家庭住址和电话号码；

⑦个人身份证号码；

⑧个人的邮箱用户名、密码等个人电子数据；

⑨不为人所知的生理缺陷；

⑩先天性心脏病、乙肝等特异体质和疾病信息；

⑪父母的职业、收入、婚姻状况以及过去的违法犯罪记录等。

★ 上述信息一旦曝光，学生有可能会遭到别人的嘲笑、歧视、孤立或者其他伤害，甚至酿成更为严重的后果。因此，教职工应当特别注意保护学生的隐私。

11. 教师不得以检查物品或者寻找遗失物为借口，对学生进行搜身检查，或者搜查学生的书包、箱柜等个人物品。教师既不得亲自动手搜查，亦不得让学生们互相搜查。

12. 教师不得以了解学生的思想动态为由，私自扣留或者查阅学生的信件。

13. 未经学生本人同意，教师不得私自翻看学生的日记。对于学生交给老师批阅的日记、周记，内容涉及学生本人或他人隐私信息的，教师应当保守秘密，不得泄露相关信息。

14. 学校和教师不得公开宣布学生的考试分数（成绩优良的除外），不得公布学生的学习成绩排名（对排名靠前者进行表扬、奖励除外）；如果学生或其监护人提出要求，学校及教师可采取个别通知的方式告知学生本人的名次，但不得泄露其他学生的排名情况。

（四）学生人格尊严、名誉权保护与侵权防范

15. 教师在对学生进行批评教育时，不得实施侮辱人格尊严的行为。例如，在学生身上刻画侮辱性的标记，惩罚学生吞咽粪便、虫子，逼学生脱裤子，给学生剃光头等。

16. 教师不得对学生实施带有集体大批判或示众性质的惩罚行为。例如，让全班同学投票选“差生”，号召全班学生揭露某一学生的劣迹或者对其召开“批判大会”，让学生当着全班同学的面或者当着全校同学的面检讨错误。

17. 学生之间发生了物品丢失或失窃事件后，教师不得无端猜疑学生，更不得自己充当警察去审问学生，甚至搜查学生的身体或物品，而应通过教育感化或其他合法的方式来让学生认识错误、改正错误。

18. 教师在批评学生时，应当就事论事，不要当众否定学生的人格、品行，不得使用带有侮辱性、诋毁性的言辞，例如骂学生“笨蛋”“饭桶”“弱智”“人渣”“不是东西”“吃人饭不干人事”等。

19. 在严厉的批评之后，若发现学生的行为出现一些不好的苗头，如长时间趴在桌上哭泣等，教师务必要做好安抚工作，防止学生因为想不开而做出极端的行为。

（五）学生肖像权的保护与侵权防范

20. 肖像权，指公民对自己的肖像享有利益并排斥他人侵害的权利。在我国，自然人对自己的肖像享有以下法律权利：有权自己制作或委托他人制作本人的肖像；有权以合法的方式自己使用或许可他人有偿或无偿地使用自己的肖像；有权禁止他人未经本人同意，以赢利为目的使用自己的肖像；有权禁止他人恶意地非法毁损、玷污、丑化自己的肖像；当自己的肖像权遭受他人侵害的时候，有权要求侵权者承担停止侵害、赔礼道歉、消除影响、赔偿损失等民事责任。

21. 在教育教学活动中，学校应当注意保护学生的肖像权。非因国家机关及上级部门履行职责需要，或者新闻媒体的正面报道需要，学校及教职工不得将学生的照片提供给第三人，尤其是不得提供给商家，以防商家擅自将其使用于商业目的。

22. 未经学生及其监护人的同意，学校及其教职工不得将学生的照片制作成挂历或画册，更不得将制成后的挂历、画册出售赢利。

23. 学校为了实现教育教学目的而需要使用学生的肖像，例如，为了表彰先进而需要在校园橱窗张贴优秀学生的照片，或者为了正面宣传学校所开展的教育活动而需要在学校的网站上使用学生的活动照片等，此类使用是出于公共利益的目的，属于合理使用。但为了避免日后发生纠纷，学校应当事先通知学生及其监护人，若学生及其监护人明确表示反对，则不得予以使用。

24. 如果需要在学校的招生简章、招生广告上使用个别学生的肖像（此类使用是否属于“公益性的目的”尚有争议），学校务必事先与学生及其监护人就肖像权使用问题做出详细的书面约定，明确各自的权利和义务；在未获得合法授权的情况下，学校不得擅自使用学生的肖像。

25. 教职工不得擅自将清晰的学生个人照片发表在网络论坛、微博、微信等社交媒体上，以防被别有用心的人用于不法之目的。

（六）学生人身自由权的保护与侵权防范

26. 公民的人身自由不受侵犯，这是我国宪法赋予公民的一项基本权利。除了公、检、法部门因履行职务的需要可以依法限制或剥夺涉案公民的人身自由之外，其他任何组织、团体、个人均不得非法限制或者剥夺他人的人身自由。以拘押、禁闭或者其他强制方法非法剥夺他人人身自由的，构成非法拘禁罪，应当承担刑事责任。

27. 教师让未完成作业的学生单独在办公室或教室补写作业时，应当保证其安全，不得将房门上锁。

28. 教师不得以反思错误为理由，将违反纪律的学生锁在储物间、办公室、宿舍、教室等封闭的空间，或者以其他方式长时间限制学生的人身自由，否则一旦造成不良后果（如学生自杀、自残或因外力作用而死亡、伤残、诱发精神疾病等），教师将会因非法拘禁的罪名而被追究刑事责任。

29. 对于严重违反课堂纪律的学生，经警告无效后确需采取临时隔离措施的，教师可将其带至会议室、办公室等场所单独进行批评教育，但不得撇下学生不管，而应亲自在场看管或者委托其他教职工代为看管，以防发生意外；隔离时间要尽量短（原则上不应超过一节课），以免侵犯学生的受教育权。

第五节　学生财产权保护与侵权防范规范化管理操作指南

情境再现

据媒体报道，武汉某中学高中生带手机进教室，被老师检查时搜出，四部手机被当场摔碎。17岁的高二学生童童（化名）介绍，2015年5月25日晚9时左右，学校德育处的两名老师来到教室里，让学生们都出去，然后进行搜查。在翻看了全部的书桌、书包后，老师们搜出了两部手机。童童的同学小雅（化名）原本将手机放在教室外的柜子里，看到老师们搜查教室，她担心柜子里也不安全，准备悄悄将手机藏到身上，没想到也被老师逮住了。当着全班同学的面，老师们把搜出来的三部手机都摔碎了，其他班里也有一部手机被搜出摔碎。对于老师的这一行为，同学们都觉得害怕和气愤。校长周女士在接受记者采访时表示，如何管理学生手机，是很多学校共同面对的难题。但老师摔碎学生手机，肯定是不对的，学校事先并不知情。她承诺，学校会对相关同学进行赔偿，对当事老师进行严肃处理。

问题思考

1. 学校、教师是否有权利对学生采取罚款、没收物品等管理手段？
2. 在管理学生时，学校、教师应如何避免侵犯学生的财产权？

法规依据

《中华人民共和国义务教育法》《中华人民共和国民法通则》《中华人民共和国民法总则》《国家发展改革委　教育部关于规范中小学服务性收费和代收费管理有关问题的通知》

操作指南

（一）通则

1. 学校向学生收取费用应当依法、依规进行，应严格遵守国家及地方有关文件关于教育收费项目、收费范围和收费标准的规定，不得违规进行乱收费。

2. 学校在对学生实施管理的过程中，不得对学生进行罚款，不得随意没收学生的个人物品。

（二）收费的日常管理

3. 学校向学生进行的教育收费，应当严格按照国家及地方有关文件规定的收费项目、收费标准收取。

4. 初中、小学的教育收费包括服务性收费和代收费；普通高中和中等职业学校的教育收费包括学费（行政事业性收费）、服务性收费和代收费。

★ 服务性收费是指学校（包括义务教育学校、普通高中阶段学校、中等职业学校）在完成正常的教学任务外，为在校学生提供由学生或学生家长自愿选择的服务而收取的费用，一般包括伙食费、住宿费、补办证卡费等。

★ 代收费是指学校为方便学生在校学习和生活，在学生或学生家长自愿的前提下，为提供服务的单位代收代付的费用，一般包括作业本费、校外活动费、校服费（农村中小学不做要求）、基本医疗保险费等。

★ 中小学按照国家和本地区课程改革要求安排的教育教学活动、教学管理范围内的事项，不得列入服务性收费和代收费事项。严禁将讲义资料、试卷、电子阅览、计算机上机、取暖、降温、饮水、校园安全保卫等作为服务性收费和代收费事项。

5. 学校应当在当地价格主管部门公布的中小学收费项目和收费标准范围内，确定本校的收费项目和收费标准。

6. 学校按照规定收取服务性收费和代收费，必须坚持学生或学生家长自愿原则。严禁强制或变相强制提供服务并收费。严禁将服务性收费和代收费与行政事业性收费一并收取。

7. 学校向在校学生收取服务性收费和代收费，必须坚持非营利原则，按学期或按月据实结算，多退少不补。学校和教师在为学生服务、代办有关事项的过程中不得获取任何经济利益，不得收取任何形式的回扣。确有折扣的，须全额返还学生。

8．学校要在招生简章和入学通知书中注明有关服务性收费和代收费项目、标准及批准收费的文号，并通过学校公示栏、公示牌、公示墙等方式将服务性收费和代收费项目、标准以及收费资金的使用情况和投诉电话等进行公示，主动接受学生、家长和社会的监督，增强学校收费的透明度。按规定应公示而未公示内容或公示内容与政策规定不符的，不得收费。

9．学校不得以服务性收费和代收费名义向学生乱收费，不得擅自设立收费项目、违规制定收费标准和超范围收费。

★ 不得违反规定以赞助费、捐资助教费、共建费等名义，向学生及其家长收取与入学挂钩的费用或实物。

★ 不得强制或变相强制学生接受社会服务类代购或服务，或者在学生中从事商业性推销活动。

★ 不得强制或变相强制学生征订教辅材料、课外读物、报纸杂志。

（三）有关罚款、没收的禁止性规定

10．罚款是一种行政处罚措施，只能由法律法规或规章做出规定，并由特定的行政机关、法律法规授权的组织或行政机关委托的组织依照法律规定的程序来实施，其他任何组织、个人都无权实施。

11．校规、班规不是法律、法规或规章，无权设立对学生实施罚款的规定，学校和教师也不是执法机构和执法人员，无权对学生实施罚款。鉴于此，在管理学生的过程中，学校和教师不得以任何理由对学生采取罚款等经济处罚措施，以免侵犯学生的合法权益。

12．公民的合法财产受法律保护，任何单位和个人不得予以侵占、哄抢、破坏或者非法查封、扣押、冻结、没收。

13．学生携带到校的个人物品多为学生或其监护人的私有财产，学校和教师对其并无处置权，无权予以没收、毁弃或擅自处分。否则，学校和教师的行为将构成侵权，依法承担向学生或其监护人返还原物、赔偿损失等民事责任。

14．学校和教师应当教育学生不要将与学习无关的物品带到学校，并告知学生违反规定可能导致什么后果。

15．学生有遵守法律和校规校纪的义务。学校、教师可以根据校规对学生行使相应的教育权、管理权，以维护学校正常的教育教学秩序。对于学生违反校规携带入校的物品，学校、教师在对学生进行批评教育后，可以代为保管这些物品，等下课后或放学后再还给学生或直接交给其监护人。若学生携带违法、违禁的物品进校，一经发现教师应当及时通报有关部门进行处理。

16．学校可以向学生及其家长声明，除非出于学科教学的需要，学校不鼓励学生携带手机上学。实际执行中，对于学生携带入校的手机，教师不得予以没收、毁坏或丢弃，不得查阅学生手机上的信息。学校可以制定在校学生手机使用管理规定，防止学生携带的手机影响正常的教育教学秩序。

第六节 学生受教育权保护与侵权防范规范化管理操作指南

情境再现

据媒体报道，蔡某是河北省邯郸市某中学初一（8）班的学生，因在校园内和一名同学吵架被学校停课半个月回家反思。2016年11月22日一大早，蔡某的父亲带着他从农村老家赶到学校，打算跟校领导沟通、赔礼道歉，希望让蔡某重回课堂读书。结果他们在学校大门口冻了一上午，校方仍拒绝他们进入校园，也不给认错的机会。11月23日，生气的蔡某父亲在网上发牢骚："在寒风中冻了一上午，学校连门都没让进，还让等下周再去。请问，学校的做法是不是有点过头了？这样剥夺孩子上课受教育的权利对吗?"未曾想，帖子发出后，引来众多网友评论。有的网友认为如今的孩子太难管，学校说不得、动不得，让违纪学生回家反思也是一个没办法的好办法；但大多数网友认为此举不合理，"学校是实行教育的重要场所，应该本着一个都不能少的原则帮助、关心、教育每一个孩子"。还有的网友表示，家长和学校都有教育的责任，不能把所有的教育问题都推给学校。当地教育局有关工作人员表示，该中学的这一做法欠妥，学校应当尊重未成年学生的受教育权，不得随意开除、劝退学生，或让学生停课。目前，教育局已经通知该中学，让学生蔡某回校正常上课。

问题思考

1. 学校、教师是否有权力对学生采取停课的教育、管理手段？
2. 在教育、管理学生过程中，如何避免侵犯学生的受教育权？

法规依据

《中华人民共和国义务教育法》《中华人民共和国教育法》《中华人民共和国未成年人保护法》

操作指南

（一）通则

1. 受教育权是我国宪法和法律确认并保障的一项公民的基本权利。学校作为教书育人的单位，在管理学生的过程中，应当谨慎地防范侵犯学生受教育权行为的发生。

2. 学校不得违反法律和国家规定开除未成年学生，特别是不得开除尚在接受义务教育的未成年学生。学校还应保障学生参加教育教学计划安排的各种活动，不得对其随意停课，不得以其他形式侵犯学生的受教育权。

（二）日常管理中受教育权侵权的防范

3. 尚在接受义务教育的初中生、小学生，严重违反校规校纪的，学校应当对其进行批评教育，或者根据校规对其实施恰当的教育惩戒，但不得以任何理由给予其开除或勒令退学的处分，亦不得以劝退、限期转学等名义进行变相开除。

4. 对于非义务教育阶段的未成年学生，学校不得违反法律和国家规定对其实施开除的处分。学生严重违反校规校纪，影响学校教育教学活动的正常开展，或者危及其他学生和教师的人身安全，学校认为确需依据校规给予其开除处分的，应当上报上级教育行政部门批准后方可执行处分决定。

★《中华人民共和国义务教育法》第五十七条规定，学校违反本法规定开除学生的，由县级人民政府教育行政部门责令限期改正；情节严重的，对直接负责的主管人员和其他直接责任人员依法给予处分。

5. 学生享有参加学校教育教学计划安排的各种活动（主要是上课）的权利，保障学生的受教育权，主要就是保障学生上课的权利。学校、教师应当慎重对待停课，不要滥用停课的惩戒权。

6. 对于严重扰乱课堂秩序，经批评教育拒不改正，使得课堂活动无法顺利进行的学生，教师可让其暂时离开课堂，令其冷静并反思错误，并由专门的教师对其进行看管和教育，防止发生意外事故。学生认识错误并表示愿意改正错误后，教师应当及时安排其回教室上课。

7. 短暂停课反思错误的惩戒方式，只适用于那些严重违反课堂纪律或者有可能实施危害其他师生人身安全的行为的学生，对其他违纪行为不得采用这一措施。

8. 学校、教师应当平等地对待学生，不得歧视学习有困难的学生，不得因为担心“差生”的成绩会拖“后腿”，而阻止其参加各种考试（包括平时的测验、期中考试、期末考试、中考、高考等各类考试）。

9. 在学生填报升学志愿的过程中，学校、教师可给予建议和指导，但不得强制学生填报某一志愿，更不得擅改学生已经填报的志愿，以免侵害学生的合法权益。如果希望学生报考本校，在与学生及其监护人充分协商的基础上，学校可以与学生及其家长签订协议，约定双方的权利、义务以及违约责任。学校不得非法侵害学生的受教育选择权。

第七节　学生违纪行为规范化处理操作指南

情境再现

据相关媒体报道，2016年3月初，河北省沧州市某中学12名高中生由于违反校规在学校使用手机，被学校给予了劝退的处分。家长向学校求情遭拒绝后，又向当地教育局反映，并向媒体求助，此事引起社会广泛热议。3月27日，学校就劝退学生一事发布声明称，将维持对12名违纪学生的处理决定，“严肃执行校规，体现了学校为大多数学生负责的担当”。声明还称，此次处理12名违纪学生，学校并非是“不教而诛”的突然之举，而是在多次告知、教育无效的情况下，为维护大多数学生利益而做出的无奈之举。此后，当地教育局介入调查。3月31日，教育局发布通报称，坚持教书育人根本宗旨，践行以生为本、教育为主管理理念，在批评教育、本人认识错误的基础上，12名学生立即返校学习。学校对返校学生要倍加关心爱护，采取多种方式做好心理疏导和学业指导，使其尽快进入正常学习生活状态。

问题思考

1. 法律上的程序正当原则是什么意思?
2. 对违纪学生进行纪律处分应当遵循怎样的程序?

法规依据

《中华人民共和国未成年人保护法》《中华人民共和国预防未成年人犯罪法》《中华人民共和国教育法》《中华人民共和国义务教育法》《中华人民共和国教师法》

操作指南

（一）通则

1. 学生违纪行为，是指学生在校上学期间或者在学校组织的校外活动中，做出的违反法律法规、中小学生守则、中小学生日常行为规范以及学校的规章制度（校规校纪）的行为。

2. 为了培养学生的规则意识和遵纪守法的良好习惯，学校和教师应当及时对学生的违纪行为做出反馈和处理。对违纪行为的无视和纵容，会强化学生的消极行为和不良习惯，不利于培养学生对自己的行为负责的态度。

3. 对学生的违纪行为进行处理时，应当考虑学生违纪时的动机、违纪行为的种类、违纪手段的严重程度、违纪所造成的后果以及事后的悔改表现，采取轻重恰当、性质相宜的处理措施。

4. 对学生违纪行为的处理，应当遵循时间及时、程序规范、公平公正的原则。

5. 处理学生违纪行为时，不得侵犯学生的合法权益，特别是不得侵犯学生的生命健康权，不得侮辱学生的人格尊严，不得违法剥夺学生的受教育权，绝对禁止对违纪的学生实施体罚或变相体罚。

（二）学生违纪行为的处理方式——纪律处分和临时惩戒

6. 学生违纪行为的处理方式分为两大类：纪律处分和临时惩戒。

7. 纪律处分。纪律处分是学校对实施了严重违纪行为的学生所采取的惩戒方式，通常包括：警告、严重警告、记过、留校察看、开除学籍。一些学校还规定了记大过、劝退、勒令退学的处分方式。

★ 纪律处分是新中国成立后国内学校对违纪学生实施的一种传统的惩戒方式。《中华人民共和国教育法》第二十九条规定，学校有权对受教育者进行学籍管理，实施奖励或者处分。这一规定是学校对学生行使处分权的法律依据。

★ 纪律处分记入学生档案。其中，对被处以警告、严重警告、记过、留校察看处分的学生，一般应规定一定的考查期（通常在一年以内），考察期内学生积极悔改、表现良好的，应当撤销所给予的纪律处分。

★ 对于正在接受义务教育的学生，不得对其实施留校察看和开除学籍的处分。

★ 纪律处分是一类严厉的惩戒手段。鉴于小学生辨别力、自制力较弱，是非观尚处于形成阶段，对违纪的小学生不应实施纪律处分的惩戒手段。

8. 临时惩戒。临时惩戒是学校对实施了轻微违纪行为的中学生或者实施了违纪行为的小学生所采取的惩戒方式。临时惩戒具有临时性、变通性、差异性，学校可根据本校的情况和特点规定相应的临时惩戒措施。可选择的临时惩戒措施包括但不限于：（1）个别批评；（2）点名批评；（3）罚写认错书（检讨书）；（4）剥夺违纪者参与某种活动的权利；（5）责令违纪者从事某一力所能及的劳动（如打扫教室卫生、课间到走廊上协助老师维持秩序、做一件好事）；（6）责令违纪者离开教室到老师指定的校内某一场所接受教育（适用于严重扰乱课堂秩序的学生）；（7）责令违纪者放学后留校接受教育；等等。

★ 假若违纪学生未完成某一规定的任务（如未完成作业、逃避值日等），则应当先行责令学生完成该项任务之后，再对其实施临时惩戒。

★ 临时惩戒措施不包括：①体罚与变相体罚；②侮辱性的言辞和行为（如骂学生“猪狗不如”，给学生剃光头或往学生身上泼洒秽物等）；③让学生站在主席台前当众检讨或接受批评；④禁止学生吃午饭；⑤将违纪学生单独锁在教室、办公室、宿舍或其他封闭的空间内；⑥罚款（不同于学生毁坏公物和他人财物而应承担的赔偿责任）；⑦毁坏学生物品、永久性地没收学生财物；⑧其他损害学生的身体健康、侮辱学生的人格尊严、侵犯学生的财产权的措施。

★ 对于严重违纪的中学生，可同时适用纪律处分和临时惩戒措施。例如，某个中学生严重违纪后，可对其实施严重警告的纪律处分，同时剥夺其参加学校组织的秋游活动一次。

（三）学生违纪行为处理的实施者

9. 纪律处分应当以学校的名义做出，不得以学校下属部门或者教师个人的名义做出。为了保证纪律处分的严肃性和规范性，一般由学校的德育处（政教处）承担纪律处分的工作。德育处（政教处）在完成违纪事实调查、拟定处分措施后，应当上报校长办公会讨论通过，正式的违纪处分决定书应当以学校的名义做出并向学生及其监护人送达。

10. 临时惩戒可由任课教师、班主任、年级组、德育处（政教处）负责实施。其中，任课教师一般可实施“个别批评”和“点名批评”的临时惩戒。班主任一般可实施“个别批评”“点名批评”“罚写认错书（检讨书）”“剥夺违纪者参与某种活动的权利”“责令违纪者从事某一力所能及的劳动”的临时惩戒。年级组和德育处（政教处）除可实施班主任有权实施的惩戒措施外，还可实施“责令违纪者离开教室到老师指定的校内某一场所接受教育”“责令违纪者放学后留校接受教育”的惩戒措施。实施后两项惩戒措施时应当保证学生的安全，不得让学生处于放任自流、无人看管的状态。其中，“责令违纪者离开教室到老师指定的校内某一场所接受教育”一般由任课教师或者班主任提议，年级组或德育处（政教处）负责执行。

11. 在对违纪者实施临时惩戒措施后，实施者应当留心观察受罚者的表现，必要时应做好情绪安抚工作，防止受罚者因负气而做出极端行为（如自伤、自残等）。

（四）学生违纪行为处理的依据

12. 认定学生的某一行为构成违纪并给予惩戒或处分，应当有明确的校规依据。“法无明文规定不为罪”，学生做出的某一行为，如果并未违反现行法律，且学校的校规校纪亦未明确予以禁止，那么该行为不得被认定为“违纪”。“法无明文规定不处罚”，针对学生做出的某一行为，如果校规校纪并未规定相应的惩戒（处分）措施，则对该行为不得进行惩戒（处分）。

13. 学生“违纪”，应当有明文的“纪”在先。“纪”包括：（1）法律法规；（2）中小学生守则；（3）中小学生日常行为规范；（4）学校的校规校纪。

14. 学校的校规校纪应当以明文（书面）形式存在，并事先对全校学生进行了公示，且具体内容不违法。

★ 学校的校规校纪应当以书面形式制定和发布，口头、不成文的校规校纪不得作为对学生进行惩戒（处分）的依据。

★ 学校的校规校纪应当向全体学生进行公示，让每一个学生知晓其具体内容，未经公示的校规校纪不具有效力。校规校纪不具有“溯及既往”

的效力，即校规校纪对其公示之前发生的事件和行为不具有约束力，不能用今天的规定去约束昨天的行为。

★ 校规校纪的条文内容，不得与法律和国家的规定相抵触，否则即失去合法性与正当性，不具有效力。

15. 学校应当制定完备的校规校纪，既有各个方面的规章制度（规定学生应当做什么、禁止做什么）；又有专门的临时惩戒规定和纪律处分规定（规定学生违纪后应当受到的临时惩戒和处分），两者可统一命名为学生违纪处理规定，也可分别制定。

（五）学生违纪行为的处理程序

16. 为了防止学校和教师滥用权力，保证学生的合法权益，也为了能够真正达到教育学生的目的，对学生违纪行为的处理应当遵循一定的程序。程序正义与实体正义一样重要。正当的程序有助于实现违纪处理的规范、公平、公正。

17. 临时惩戒的处理包含以下程序：

★ 临时惩戒是为了及时纠正中学生的轻微违纪行为或小学生的违纪行为，教育、引导学生养成遵守校规校纪的良好习惯，因而在违纪处理时要贯彻及时性、说理性的原则。

（1）及时发现学生做出的违纪行为，并将违纪的事实告知本人。同学、班干部、任课教师、班主任或其他教师发现某一学生做出某种违纪行为后，应当及时告知违纪者本人，防止本人遗忘了曾有的行为或在事后对违纪事实的存在进行抵赖，从而影响违纪处理的教育效果。

（2）临时惩戒的实施者（任课教师、班主任、年级组、德育处或政教处）及时按照规定对违纪者实施惩戒措施。学生的违纪行为长时间未被发现或未受处理的，不应当再受到追究。

（3）在对违纪者宣布临时惩戒措施之前，实施者应当先向违纪者告知其所违反的规定，并指出其违纪行为所导致的不良后果，对其进行说服教育。

（4）在对违纪者宣布临时惩戒措施后，实施者本人或其指定的人员应当监督惩戒措施的执行。

18. 纪律处分的处理包含以下程序：

★ 纪律处分是一种较为严厉的惩戒措施，只适用于严重违纪的中学生，应当谨慎采用。

★ 对违纪学生实施纪律处分，应当做到事实清楚、证据充足、程序正当、依据明确、定性准确、处分恰当。

（1）德育处（政教处）对学生的违纪行为进行调查、取证，获得充分证据。

可用于证明学生违纪事实的证据包括：①纪律检查现场记录（如卫生检查记录、宿舍检查记录等）；②任课教师、学生的证言；③违纪者本人书写的认错书（检讨书）；④照片（包括学生违纪过程中的照片和违纪行为所造成的后果的照片）；⑤违纪现场监控视频；⑥其他证据。

（2）德育处（政教处）草拟处分决定方案，报校长办公会讨论通过。

（3）德育处（政教处）将学校拟对其实施纪律处分的决定告知违纪者本人，并听取本人或其代理人的陈述、申辩。

重大的处分决定（如涉及留校察看、开除学籍的处分决定），学生或其代理人有权要求学校举行听证。德育处（政教处）应当充分听取学生或其代理人的意见，对其提出的事实、理由和证据进行复核，其提出的事实、理由或者证据成立的，学校应当予以采纳。

（4）德育处（政教处）以学校的名义做出正式的处分决定书，并加盖学校公章。

处分决定书的内容应当包括：①违纪学生姓名、所在班级；②违纪学生违纪的事实、证据；③处分的理由及依据（应当直接引用校规校纪的条款内容）；④纪律处分的具体措施（如警告、记过等）；⑤受处分学生依法享有的权利（如可向学校提出申诉等）。

（5）学校将处分决定书送达学生及其监护人，并告知学生有权提出申诉。

（6）如果学生向学校提出申诉，学校的学生申诉受理机构应当予以受理，并对学生的申诉进行复核。

（7）学校经复查后做出维持或变更处分的决定。

复核决定仍然对违纪学生实施纪律处分的，应当告知学生有权向上级教育行政部门提出申诉。

第八节　学生申诉规范化处理操作指南

情境再现

小宇（化名）是某小学六年级学生，一向成绩优秀，还是班里的中队委员。临近期末的时候，班级评选“三好学生”，小宇没被选上。小宇的家长认为小宇品学兼优，至少比被评上“三好学生”的同学中的两人更有资格当选，评选结果不公正，学校侵害了小宇的荣誉权。为此，小宇的家长以小宇的名义向学校提起了学生申诉，递交了学生申诉书，请求将小宇评为“三好学生”。一星期之后，学校向小宇送达了学生申诉决定书，驳回了小宇的申诉请求，理由是当选“三好学生”的基本要求是德、智、体、美全面发展，而小宇的体育科目成绩未达到“良好”以上，不符合“三好学生”的标准。收到学生申诉决定书之后，小宇仍不服，他又向区教委提起了学生申诉，但区教委最终以同样的理由维持学校的决定。

问题思考

1. 什么是学生申诉？
2. 学校应当怎样建立学生申诉处理制度？

法规依据

《中华人民共和国教育法》《国家教委关于实施〈中华人民共和国教育法〉若干问题的意见》《全面推进依法治校实施纲要》《依法治教实施纲要（2016—2020年）》

操作指南

（一）通则

1．学生申诉，是指学生对学校做出的涉及本人权益的处理决定不服，向学校设立的学生申诉处理委员会提出对该决定进行复查、更改或重新处理的意见和要求。

2．提起申诉的学生，应当与学校所做出的处理决定具有利害关系，即该处理决定直接涉及、影响、侵害其自身合法权益。

3．学校应当制定本校学生申诉的具体规定，建立、健全学生申诉制度，依法、依章处理学生申诉，维护学生的合法权益。

（二）处理学生申诉的机构

4．学校设立学生申诉处理委员会（以下简称“学申委”），作为处理学生申诉的专门机构。“学申委”的主任由校长或主管副校长担任；委员则由学校各职能部门负责人代表，各年级负责人代表，党、团、少先队组织代表，教师代表以及学生代表等人员组成，条件允许的，还可吸收法律工作者、学生家长代表、社区代表等人员参加。“学申委”的人数应当为单数，例如7人或9人等。

5．“学申委”的常设机构为学生申诉处理委员会办公室，设在校长办公室，负责受理学生申诉，处理“学申委”的日常事务。

6．“学申委”的职责为：

（1）受理学生申诉；

（2）向有关部门和人员调查取证，查阅相关文件和资料；

（3）对学生申诉进行复查处理，并做出申诉复查决定；

（4）提出维持原处理决定或撤销原处理决定等复议意见报校长办公会审批，并将申诉处理结果送达申诉人及其监护人。

（三）学生申诉的受理

7．学生对学校做出的涉及本人权益的下列处理决定不服的，可以向“学申委”提出申诉：

（1）对学生做出的警告、严重警告、记过、留校察看、开除学籍等违纪处分决定；

（2）取消学生入学资格或要求学生退学的决定。

8. 除前述第7条所列事项外，有条件的学校，可以逐步放宽学生申诉的受理范围，将学校及其有关部门、人员做出的被学生认为涉嫌侵犯其合法权益的其他行为（如学校收费行为、学校或教师实施的教育惩戒、未被授予荣誉称号等），纳入学生申诉的受理范围，以充分维护学生的合法权益。

9. 学生对学校做出的处理决定不服而提出申诉，应当自收到学校的处理决定书之日起5个工作日内，向“学申委”提交书面的学生申诉申请书，并随附学校做出的处理决定书的复印件。学生申诉申请书应当载明下列内容：

（1）申诉人的姓名、班级、学号及其他基本情况；

（2）申诉的事项、要求、理由，并附上相关的证据材料；

（3）申诉人签名；

（4）提出申诉的日期。

10. “学申委”应当自接到申诉申请书之日起三个工作日内对申诉材料进行审查，根据具体情况做出如下处理。

（1）申诉事项属于受理范围且申诉材料齐全的，予以受理；

（2）申诉材料不齐备的，要求申诉人在五个工作日内补正；

（3）有下列情况之一，不予受理，出具不予受理决定书：

①申诉人不是本校在读学生，或申诉人与学校所做出的处理决定不具有利害关系的；

②超出申诉受理范围或超过规定的申诉期限的；

③自动撤回申诉或者接到申诉复查决定书后，就同一事实和理由再次提起申诉的；

④已就申诉事项向上级教育行政部门提起学生申诉或者向法院提起诉讼，并已被受理的；

⑤其他不应受理的争议事项。

11. “学申委”应当自接到申诉申请之日起十五个工作日内做出复查结论。

12. 申诉人在“学申委”做出复查结论之前，可以撤回申诉申请。

（四）学生申诉的处理程序

13. “学申委”在受理学生申诉后，应当在下一个工作日内将申诉申请书副本送达对申诉人做出原处理决定的部门，做出原处理决定的部门应当自收到申请书副本之日起三个工作日内就原处理决定情况做出书面说明，并提供处理过程中的事实认定证据材料、处理依据及其他相关材料。

14. “学申委”在处理学生申诉时，重点围绕以下几个方面的问题对原处理决定展开复查工作：

（1）原处理决定认定的事实是否清楚；

（2）适用依据是否准确；

（3）处理程序是否合法；

（4）处理措施是否得当。

15. “学申委”采取以下方式对原处理决定进行复查：

（1）提取原处理决定的原始材料，对原处理决定进行审查；

（2）向申诉人或其代理人进行口头或书面询问，听取申诉人或其代理人的申辩；

（3）听取做出原处理决定的部门的领导、经办人以及相关人员的意见；

（4）认为需要进一步查清相关事实的，向有关人员调查情况，收集相关证据。

16. “学申委”认为有必要通过会议方式进行复查的，或者申诉人或其代理人提出召开会议请求的，可以召开复查会议对申诉事项进行复查。

17. 复查会议应有三分之二以上的“学申委”委员到会方可举行。复查会议按照下列程序进行：

（1）主持人介绍到会的“学申委”委员；

（2）申诉人就事实、理由、证据或依据进行申辩，并可以出示相关证据材料；

（3）做出原处理决定的部门代表就有关事实和依据进行陈述；

（4）申诉人与做出原处理决定的部门代表对证据和事实情况发表意见；

（5）“学申委”委员进行合议；

（6）“学申委”委员进行无记名投票表决，形成书面意见。

18. 复查会议的意见必须经过三分之二以上到会的“学申委”委员表决投票同意，方为有效。

19. “学申委”委员有下列情形之一的，应当回避：

（1）是申诉人本人或是申诉人近亲属的；

（2）与申诉人或申诉处理结果有利害关系的；

（3）存在其他可能妨碍申诉公正处理情形的。

20. “学申委”对认定事实清楚、适用依据准确、程序合法、处理措施得当的学校原处理决定，做出“维持学校原处理决定”的复查结论。对具有下列情形之一需要改变学校原处理决定的，“学申委”做出“建议学校撤销原处理决定，并重新做出处理决定”的复查结论：

（1）原处理决定认定事实不清或错误的；

（2）原处理决定适用依据错误的；

（3）原处理决定程序违法的；

（4）原处理决定显失公正的。

21. 原处理决定被撤销后，该申诉事项发回原处理部门重新做出处理决定。“学申委”责令原处理部门重新做出决定的，该部门不得以同一事实和理由做出与原决定相同或基本相同的处理，也不得加重对申诉人的处罚。

22. “学申委”将复查结论报校长办公会审批后产生效力，由“学申委”办公室送达申诉人和学校相关部门。

23. 申诉人对“学申委”的复查结论有异议的，可以在收到复查结论之日起十五个工作日内，向上级教育行政部门提起学生申诉，属于人民法院受案范围的，也可依法提起诉讼。

第三章

教职工日常事务规范化管理

第一节　教师聘用与解聘规范化管理操作指南

情境再现

据媒体报道，H中学系事业单位，孙某系该单位聘用的教师，属该单位编制内员工，享受编制内相关待遇。2009年10月6日，孙某与H中学签订工作合同，合同第一条约定“本合同自2010年6月20日起至2015年6月19日止”，第十九条约定了双方的违约责任。2011年10月31日，双方签订变更协议，将第十九条违约责任的内容变更为：“（一）乙方违反本合同规定，擅自离职、单方解除合同的，应承担如下违约责任：1. 根据乙方工作岗位及技术职称等情况，向甲方交纳违约金：初级及以下职称教师（含职工）六万元，中级职称教师七万元，高级职称教师八万元；市级骨干教师八万元；省级骨干教师九万元；特级教师、全国模范（优秀）教师……十万元。出国培训人员违约的，则再承担违约金两万元，并退还甲方为乙方出国培训所支付的各项费用……（二）甲方违反合同规定，单方解除合同，则应付给乙方相应的违约金，并承担相应经济赔偿责任。”2013年6月，孙某在未按约定提出辞职请求、履行辞职程序及未解除工作合同的情况下擅自离开H中学，到温州某实验学校任教，并与该学校签订劳动合同。H中学遂以孙某为被申请人、温州某实验学校为第三人，向衡水市劳动人事争议调解仲裁委员会申请仲裁。在仲裁机构做出裁决后，孙某因不服裁决而向人民法院提起诉讼，要求解除与H中学签订的工作合同、变更协议，不向H中学给付违约金、赔偿金共计11万元。法院审理后判决：解除双方于2009年10月6日签订的工作合同及2011年10月31日签订的变更协议；孙某给付H中学违约金7万元及经济赔偿4万元，共计11万元，温州某实验学校承担连带赔偿责任。

问题思考

1. 聘期未满，教职工是否有权单方解除聘用合同？

2. 学校应当怎样合法、合规地建立教职工聘用、日常管理与解聘制度？

法规依据

《中华人民共和国教师法》《中华人民共和国劳动合同法》《事业单位人事管理条例》《关于在事业单位试行人员聘用制度的意见》

操作指南

（一）通则

1. 学校实行教师聘用制度，由学校和教师按照国家有关法律和政策规定，在平等自愿、协商一致的基础上，通过签订聘用合同，明确规定聘用方和受聘方各自的权利、义务和责任。

2. 建立聘用合同关系后，学校和教师都要强化合同意识，教师按合同履行教育教学职责；学校则按合同对教师进行管理，为教师提供教育教学、科学研究、进修、交流等条件，并支付工资报酬等。

3. 在聘用期间，非因法定或聘用合同约定的理由并遵照法定程序，不得随意辞聘或解聘，确需变动时，应由双方进行协商，双方达成一致意见后方可变更或解除聘用合同。双方一旦发生纠纷，也要按照合同条款的规定承担法律责任。

（二）教师聘用与管理

4. 学校应当设立聘用工作组织机构，专门负责教师的聘用工作。聘用工作组织机构一般由本单位人事部门负责人、学科负责人和工会代表组成，根据需要也可以聘请有关专家参加。

5. 学校聘用教师实行公开招聘、公平竞争、择优录用的原则。招聘教师的基本程序如下：

（1）制订招聘计划；

（2）向社会公开发布招聘岗位及其职责、聘用条件、工资待遇等招聘信息；

（3）受理应聘人员的申请，对其资格、条件进行初审；

（4）对通过初审的应聘人员进行考试、考核；

（5）通过考试、考核的应聘人员接受身体检查；

（6）根据考试、考核结果，确定拟聘人员名单；

（7）公示拟聘人员名单（公示期一般为七至十五日）；

（8）公示期满后，学校与受聘人员签订聘用合同，办理聘用手续。

6. 学校公开招聘教师，不得设置歧视性条件要求（例如对性别、民族、党派、宗教信仰等提出要求），以免引发不必要的平等权法律纠纷。应聘人员一般须具备下列条件，符合条件的各类人员均可报名应聘：

（1）具有中华人民共和国国籍；

（2）遵守宪法和法律；

（3）具有良好的品行；

（4）具有岗位所需的专业或技能条件；

（5）具有岗位所需的其他条件。

7. 学校公开招聘教师实行回避制度。学校负责人员和招聘工作人员在办理教师聘用事项时，涉及与本人有亲属关系或者其他可能影响招聘公正的，应当回避。

8. 学校聘用教师，应当自用工之日起一个月内与受聘教师签订书面的聘用合同。

★ 用人单位不与劳动者签订劳动合同将承担严厉的法律责任。《中华人民共和国劳动合同法》规定，用人单位自用工之日起超过一个月不满一年未与劳动者签订书面劳动合同的，应当向劳动者每月支付二倍的工资。用人单位自用工之日起满一年不与劳动者订立书面劳动合同的，视为用人单位与劳动者订立已无固定期限劳动合同。

9. 教师聘用合同一般应当包括下列条款：

（1）学校的名称、地址和法定代表人或者主要负责人；

（2）受聘教师的姓名、住址和居民身份证或者其他有效身份证件号码；

（3）聘用合同期限；

（4）工作内容和工作地点；

（5）工作时间和休息休假；

（6）劳动报酬；

（7）社会保险；

（8）劳动保护、劳动条件和职业危害防护；

（9）岗位纪律；

（10）聘用合同变更和终止的条件；

（11）违反聘用合同的法律责任。

经双方当事人协商一致，还可以在聘用合同中约定试用期、培训和继续教育、知识产权保护、解聘提前通知时限等事项。

10. 学校与受聘人员签订聘用合同，可以约定试用期。聘用合同期限三个月以上不满一年的，试用期不得超过一个月；聘用合同期限一年以上不满三年的，试用期不得超过两个月；三年以上固定期限和无固定期限的聘用合同，试用期不得超过六个月。但是被聘人员为大中专应届毕业生的，试用期可以延长至十二个月。

11. 试用期的规定只适用于单位新进的人员，试用期只能约定一次。试用期包括在聘用合同期限内。聘用合同仅约定试用期的，试用期不成立，该期限为聘用合同期限。

12. 受聘人员在试用期的工资不得低于本单位相同岗位最低档工资或者聘用合同约定工资的80%，并不得低于用人单位所在地的最低工资标准。

13. 受聘人员在试用期间被证明不符合录用条件的（学校应当备有考察记录），学校在向其说明理由后，可以解除聘用合同。

14. 学校为受聘人员提供专项培训费用，对其进行专业技术培训的，可以与该受聘人员订立协议，约定服务期。受聘人员违反服务期约定，提出解除聘用合同的，应当按照约定向学校支付违约金。违约金的数额最高不得超过学校提供的培训费用，且不得超过服务期尚未履行部分所应分摊的培训费用（即培训费用逐年按比例扣减）。

15. 为了保护学校的知识产权，学校可以与受聘人员在聘用合同中约定，聘用人员在履行职务过程中完成的作品和发明创造属于职务成果，所有权归单位所有，完成者享有署名权。

16. 为了保留学校根据实际情况和需要对受聘教师的工作岗位进行调整的权利，双方可以在聘用合同中约定，校方可以根据学校工作需要及受聘教师的业务、工作能力和表现调整其工作岗位，并根据工作岗位的变动相应地调整其工资待遇，受聘教师应当服从安排。

17. 为了保留学校对违法、违规及不合格教师及时解聘的权利，学校可以与受聘人员在聘用合同中做出具体约定。

（1）受聘人员有下列情形之一的，学校可以随时单方面解除聘用合同：

①连续旷工超过十五个工作日或者一年内累计旷工超过三十个工作日的；

②工作严重不负责任，发生责任事故，给学校造成较大损失的；

③违反国家法律法规或学校的规章制度，严重损害学校利益，或者给学校造成较大损失，或者造成其他严重后果的；

④体罚学生造成恶劣影响或者造成其他严重后果的；

⑤未经学校同意，擅自出国或者出国逾期不归的；

⑥连续两次年度考核不合格的；

⑦被判处拘役、有期徒刑以上刑罚或被劳动教养的；

⑧法律法规规定的其他情形。

（2）受聘人员有下列情形之一的，学校可以单方面解除聘用合同，但是应当提前三十日以书面形式通知受聘人员：

①受聘人员患病或者非因工负伤，医疗期满后，不能从事原工作，也不能从事学校安排的其他工作的；

②受聘人员年度考核或者聘期考核不合格，又不同意学校调整其工作岗位的，或者虽同意调整工作岗位，但到新岗位后考核仍不合格的；

③法律法规规定的其他情形。

18. 学校招聘教师，不得扣押受聘人员的居民身份证和其他证件，不得要求受聘人员提供担保或者以其他名义向受聘人员收取任何形式的抵押金、抵押物或者其他财物。

19. 学校应当根据聘用合同规定的岗位职责任务，全面考核受聘人员的表现，重点考核工作绩效。考核应当听取服务对象的意见和评价。

★ 考核分为平时考核、年度考核和聘期考核。年度考核的结果可以分为优秀、合格、基本合格和不合格等档次，聘期考核的结果可以分为合格和不合格等档次。

20. 考核结果作为调整受聘人员岗位、工资以及续订聘用合同或解聘的依据。受聘人员年度考核或者聘期考核不合格的，学校可以调整其岗位，或者安排其离岗接受必要的培训后调整岗位。岗位变化后，应当相应改变该受聘人员的岗位工资待遇，并对其聘用合同做相应变更。受聘人员无正当理由不同意变更的，学校有权单方面解除聘用合同。

（三）教师辞聘与解聘

21. 聘用合同到期后，学校无意续订合同的，应当提前通知受聘人员，并让其做好工作的交接事宜。

22. 聘用合同虽未到期，但经学校和受聘人员协商一致的，可以提前解除聘用合同。

23. 学校单方提前解除聘用合同（解聘），应当严格遵守聘用合同的相关约定，聘用合同未做约定的，应当根据《中华人民共和国劳动合同法》《事业单位人事管理条例》《关于在事业单位试行人员聘用制度的意见》等法律、法规、规章的规定处理。

24. 学校违法、违约解除聘用合同的，应当按照经济补偿标准的二倍向受聘人员支付赔偿金。

25. 有下列情形之一的，受聘人员可以单方面解除聘用合同：

（1）在试用期内的；

（2）考入普通高等院校的；

（3）被录用或者选调到国家机关工作的；

（4）依法服兵役的；

（5）法律法规规定的其他情形。

除上述情形外，受聘人员提出解除聘用合同未能与聘用单位协商一致的，受聘人员应当坚持正常工作，继续履行聘用合同；六个月后再次提出解除聘用合同仍未能与聘用单位协商一致的，受聘人员即可单方面解除聘用合同。

26. 受聘人员违法、违约解除聘用合同，给学校造成损失的，应当承担赔偿责任。

27. 有下列解除聘用合同情形之一的，学校应当根据被解聘人员在本单位的实际工作年限向其支付经济补偿：

（1）学校提出解除聘用合同，受聘人员同意解除的；

（2）受聘人员患病或者非因工负伤，医疗期满后，不能从事原工作也不能从事学校安排的其他工作，学校单方面解除聘用合同的；

（3）受聘人员年度考核不合格或者聘期考核不合格，又不同意学校调整其工作岗位的，或者虽同意调整工作岗位，但到新岗位后考核仍不合格，学校单方面解除聘用合同的；

（4）法律法规规定的其他情形。

经济补偿按受聘人员在本单位工作的年限，每满一年支付一个月工资的标准向受聘人员支付。六个月以上不满一年的，按一年计算；不满六个月的，向受聘人员支付半个月工资的经济补偿。受聘人员月工资高于用人单位所在直辖市、设区的市级人民政府公布的本地区上年度职工月平均工资三倍的，向其支付经济补偿的标准按职工月平均工资三倍的数额支付，向其支付经济补偿的年限最高不超过十二年。

28. 受聘人员与学校的聘用关系解除后，学校要按照国家有关规定及时为其办理社会保险关系调转手续，做好各项社会保险的衔接工作。

29. 聘用合同解除后，学校和个人应当在三个月内办理人事档案转移手续。学校不得以任何理由扣留无聘用关系职工的人事档案；个人不得无故不办理档案转移手续。

30. 学校与聘用人员之间因辞职、辞退及履行聘用合同发生纠纷的，双方可以协商解决，也可提请第三方进行调解。无法通过协商、调解的方式解决纠纷的，任何一方均可向劳动人事争议仲裁机构提起仲裁，对仲裁裁决结果不服的，可依法向人民法院提起诉讼。

第二节　教师廉洁从教规范化管理操作指南

情境再现

据媒体报道，2017年7月20日，福建省惠安县教育局根据群众信访举报线索，对惠安某中学个别教师有偿补课问题进行明察暗访。经查实，7月14—20日，惠安某中学4名教师在惠安县城某小区的一套房内，给即将升入高三的学生补课，已收取16位学生补课费用共计29300元。该补习班于7月20日被查处停办，补课费全额退给学生家长。教育局的通报指出，惠安县上述4名教师的行为违反了《中小学教师职业道德规范》《教育部关于印发〈严禁中小学校和在职中小学教师有偿补课的规定〉的通知》等相关规定。为严肃纪律，惠安县教育局决定，对该4名教师在全县范围内予以通报批评，并责令其做出深刻书面检讨；取消该4名教师2017年度参与职称晋升、评先评优资格；责令惠安某中学扣发该4名教师2017年下半年奖励性绩效工资（每人3360元）；对惠安某中学主要负责人进行约谈。通报要求惠安县各级各类学校将该通报精神传达到每一位教师，进行警示教育，组织教师开展“不从事有偿补课”的书面承诺活动，签订自觉抵制有偿补课承诺书，切实担负起管理、引导、监督教师的责任，杜绝有偿补课行为。

问题思考

1. 国家对教师违规收受学生及家长礼品礼金行为以及中小学校和在职中小学教师违规有偿补课行为是如何规定的？

2. 学校应当怎样建立教师廉洁从教制度？

法规依据

《中华人民共和国教师法》《中小学教师职业道德规范》《严禁教师违规收受学生及家长礼品礼金等行为的规定》《严禁中小学校和在职中小学教师有偿补课的规定》

操作指南

（一）通则

1. 教师不得利用职务之便谋取不正当利益，廉洁从教是党和人民对教师的职业期待，也是教师职业道德的基本要求，是教师“教书育人”的人格前提和品德基础。

2. 教师在执教过程中，应当廉洁自律，公正无私，自觉抵制各种不良诱惑，不贪学生及其家长的财物，不取不应得的钱财，真正做到为人师表、立德树人。

（二）违规收受礼品礼金等行为的日常防范

3. 教师不得以任何方式（包括直接提出要求或暗示等方式），向学生及其家长索要礼品礼金等财物。

4. 教师不得接受学生及其家长赠送的礼品礼金、有价证券和支付凭证等财物。当学生及其家长做出上述行为时，教师应当明确予以谢绝。对于学生本人为向教师表达感情而赠送的价格低廉（在几元钱以内）的贺卡和自己制作的小礼物，教师在接受时应当向学生表示感谢。

5. 在学生分班、调座位、选任班干部、评选先进、推荐升学的过程中，教师应当做到公正无私，不得借机向学生及其家长索要财物或者收取学生及其家长赠送的财物。

6. 教师不得参加由学生及其家长安排的可能影响考试、考核评价的宴请。

7. 教师不得参加由学生及其家长安排的已支付费用的旅游、健身休闲等娱乐活动。

8. 教师不得让学生及其家长支付或报销应由教师个人或亲属承担的费用。

9．教师不得向学生推销商品或强迫学生购买规定书目以外的学习资料，不得通过向学生推销图书、报刊、生活用品、社会保险等商业服务获取回扣、佣金或其他形式的回报。

10．教师不得向学生家长借钱，不得向家长借用物品（特别是贵重物品）。

11．教师不得接受学生家长的请托，为其谋取不正当的利益，或者以不正当的手段为其谋取利益。

12．教师不得利用经手管理的便利条件，挪用班费等学生缴纳的费用以及国家、集体的经费。

13．教师不得自立名目向学生乱收费，不得“以罚代教”对学生实施罚款的处罚，更不得假借罚款进行敛财。

（三）有偿补课的日常防范

14．学校不得组织学生参加本校或校外的有偿补课，不得要求学生参加本校或校外的有偿补课。

15．学校不得通过自身设立的培训机构组织本校学生参加补课，不得与校外培训机构联合进行有偿补课。

★ 学校与校外培训机构联合进行有偿补课的方式包括：参股校外的培训机构，委托校外机构进行有偿补课，向校外机构派遣师资并收取费用，等等。

16．学校不得为校外培训机构有偿补课提供教室、场地等教育教学设施，不得为校外培训机构介绍生源或者向其提供本校学生信息（包括提供学生及其家长的姓名、联系方式等信息）。

17．教师不得组织、推荐、强制要求本班或本校学生参加校内外有偿补课，不得暗示或者诱导本班或本校学生参加校内外有偿补课。

18．教师不得为校外培训机构和他人介绍生源，或者向其提供本校学生及其家长的姓名、联系方式等信息。

19．教师不得开展有偿补课，不得投资设立或者参股校外培训机构，不得在校外培训机构担任职务。

20．教师不得参加校外培训机构或由其他教师、家长、家长委员会等组织的有偿补课。

（四）廉洁从教制度、宣传与违规处理

21. 学校应当制定教师廉洁从教的规章制度，并向全体教师公示，开展相应的宣传教育活动。

22. 在每学年的开学初，学校可组织全体教师签订廉洁从教承诺书，要求在职教师不得利用职务之便谋取不正当利益，不得收受学生及其家长赠送的礼品礼金等财物，拒绝有偿补课，规范从教行为，树立良好的师德风尚。有条件的学校，还可组织教师开展相关的宣誓活动。

23. 学校应当建立教师违规收受学生及其家长财物以及有偿补课等违纪行为的举报通道（如设立专门的举报信箱，公布专门的电子邮件信箱等），接受学生、家长及其他人员对违纪教师的举报。收到举报信息后，学校应当及时进行查处。

24. 对于教师违规收受学生及其家长财物以及有偿补课的行为，学校应当严格按照国家的有关规定进行处理。

★ 对于实施有偿补课行为的教师，学校应当根据《严禁中小学校和在职中小学教师有偿补课的规定》《中小学教师职业道德规范》以及《中小学教师违反职业道德行为处理办法》等的规定，视违纪情节轻重，分别给予批评教育、诫勉谈话、责令检查、通报批评直至相应的行政处分。学校无权处理的，应当上报上级教育行政部门进行处理。

★ 对于实施违规收受学生及家长礼品礼金等违纪行为的教师，学校应当根据《严禁教师违规收受学生及家长礼品礼金等行为的规定》《中小学教师职业道德规范》《中小学教师违反职业道德行为处理办法》以及其他有关法律法规的规定，给予相应的处分。学校无权处理的，应当上报上级教育行政部门进行处理。有关教师涉嫌构成受贿罪等的，应依法移送司法机关处理。

第三节　教职工职务犯罪防范规范化管理操作指南

情境再现

济南市历下区人民法院经法庭审理查明，被告人苏某系济南某中学的体育教师兼任男子篮球主教练及体育特长生招生测试评委。苏某在担任济南某中学男篮主教练期间，利用其负责济南某中学男子篮球队队员比赛，办理国家运动员一、二等级资格证书的职务便利，从2010年7月至2014年年底，多次收受学生家长及中间人给予的贿赂，受贿范围涉及山东、山西、新疆三省区，共为11名学生违规办理了国家一级或者二级运动员证，受贿金额最多的一次达12万元，共计受贿44万元。在此期间，被告人苏某还受学生家长吴某的委托，将100005元以其妻子的名义办理一张银行卡，送给了北京某高校的一位体育主教练，请该教练在高水平运动员测试过程中给吴某之子予以照顾，使其能被该高校录取。历下区法院经审理认为，被告人苏某系国有事业单位从事公务的人员，利用职务上的便利，非法收受他人财物，为他人谋取利益，其行为构成受贿罪；苏某为谋取不正当利益，给予国家工作人员财物，其行为构成行贿罪。苏某犯数罪，依法应当数罪并罚。据此，法院一审判决：被告人苏某犯受贿罪，判处有期徒刑3年，并处罚金20万元；犯行贿罪，判处有期徒刑6个月。决定执行有期徒刑3年3个月，并处罚金20万元。

问题思考

1. 教职工常见的职务犯罪行为有哪些？
2. 学校应当怎样建立教职工职务犯罪防范制度？

法规依据

《中华人民共和国刑法》《中华人民共和国教师法》《中华人民共和国未成年人保护法》

操作指南

（一）通则

1．学校教职工应当树立法律意识，严格按照法律法规和职业道德规范的要求履行自己的工作职责，不得敷衍塞责，不得利用工作之便实施非法行为、谋取非法利益，不得侵害学生的生命健康权，不得损害国家、集体、单位的财产权及其他合法权益。

2．学校应当建立健全各项规章制度，规范教职工的履职行为，完善监督机制，定期开展师德教育和法治教育，增强教职工的职业道德意识和法治意识，防止教职工在工作中发生违法犯罪行为。

（二）教职工职务犯罪的日常防范

3．防范“故意伤害罪”。

★《中华人民共和国刑法》第二百三十四条规定，故意伤害他人身体的，处三年以下有期徒刑、拘役或者管制。犯前款罪，致人重伤的，处三年以上十年以下有期徒刑；致人死亡或者以特别残忍手段致人重伤造成严重残疾的，处十年以上有期徒刑、无期徒刑或者死刑。本法另有规定的，依照规定。

（1）教职工在日常工作中，不得体罚、殴打学生，不得指使学生殴打、伤害他人。

（2）教职工体罚、殴打学生造成被害人轻伤以上后果的，涉嫌构成故意伤害罪。

4．防范“过失致人死亡罪”。

★《中华人民共和国刑法》第二百三十三条规定，过失致人死亡的，处三年以上七年以下有期徒刑；情节较轻的，处三年以下有期徒刑。本法另有规定的，依照规定。

（1）教职工在履行管理、保护学生的职责过程中，应当忠于职守、勤勉尽责，防止发生安全事故，不得疏忽大意、敷衍了事，不得将学生置于可能引发事故的危险境地。

（2）教职工在管理、保护学生的过程中严重不负责任，因疏忽大意或轻信可以避免事故而将学生置于危险境地，以至发生学生死亡后果的，涉嫌构成过失致人死亡罪。

5. 防范“虐待被监护人员罪”。

★《中华人民共和国刑法》第二百六十条之一规定，对未成年人、老年人、患病的人、残疾人等负有监护、看护职责的人虐待被监护、看护的人，情节恶劣的，处三年以下有期徒刑或者拘役。单位犯前款罪的，对单位判处罚金，并对其直接负责的主管人员和其他直接责任人员，依照前款的规定处罚。有第一款行为，同时构成其他犯罪的，依照处罚较重的规定定罪处罚。

（1）教职工在教育、管理、照顾学生过程中，不得体罚、虐待（包括扇耳光、针扎、刀划、挨冻、电熨斗烫等各种伤害行为）学生，不得摧残学生的身心健康。

（2）教职工在履行职责过程中虐待学生，情节恶劣的，涉嫌构成虐待被监护人员罪。因其虐待行为而造成学生轻伤、重伤或死亡后果的，则涉嫌构成故意伤害罪。

6. 防范“强奸罪”。

★《中华人民共和国刑法》第二百三十六条规定，以暴力、胁迫或者其他手段强奸妇女的，处三年以上十年以下有期徒刑。奸淫不满十四周岁的幼女的，以强奸论，从重处罚。强奸妇女、奸淫幼女，有下列情形之一的，处十年以上有期徒刑、无期徒刑或者死刑：（一）强奸妇女、奸淫幼女情节恶劣的；（二）强奸妇女、奸淫幼女多人的；（三）在公共场所当众强奸妇女的；（四）二人以上轮奸的；（五）致使被害人重伤、死亡或者造成其他严重后果的。

（1）教职工不得对女学生实施强奸行为。

（2）教职工强奸女生的，涉嫌构成强奸罪。奸淫不满十四周岁的幼女的，涉嫌构成奸淫幼女罪，依法应当从重处罚（不论行为人采用什么手段，也不论幼女是否同意，只要与不满十四周岁的幼女发生性交的行为，即涉嫌构成奸淫幼女罪）。

7. 防范“强制猥亵、侮辱罪、猥亵儿童罪”。

★《中华人民共和国刑法》第二百三十七条规定，以暴力、胁迫或者其他方法强制猥亵他人或者侮辱妇女的，处五年以下有期徒刑或者拘役。聚众或者在公共场所当众犯前款罪的，或者有其他恶劣情节的，处五年以上有期徒刑。猥亵儿童的，依照前两款的规定从重处罚。

（1）教职工应当保护学生的身心健康，不得对学生实施猥亵行为。

（2）教职工以追求刺激或满足性欲为目的，用性交以外的方法对儿童（指不满十四周岁的未成年人，包括男童和女童）实施淫秽行为（包括抠摸、舌舔、吸吮、亲吻、搂抱、手淫、鸡奸等行为）的，涉嫌构成猥亵儿童罪。以暴力、胁迫或者其他方法强制猥亵、侮辱年满十四周岁的人（包括女性和男性），涉嫌构成强制猥亵、侮辱罪。

8. 防范“侮辱罪”。

★《中华人民共和国刑法》第二百四十六条规定，以暴力或者其他方法公然侮辱他人或者捏造事实诽谤他人，情节严重的，处三年以下有期徒刑、拘役、管制或者剥夺政治权利……

（1）教职工应当尊重学生的人格尊严，不得以暴力或其他方法，公然贬损学生人格，破坏学生名誉。

（2）教职工当众侮辱学生，情节严重的（指手段恶劣或后果严重，如造成被害人自杀、自残的后果），涉嫌构成侮辱罪。

★ 常见的侮辱手段分为三类：①行为侮辱，如强行给学生剃光头，强行剥光学生身上的衣服，逼迫学生吞食污秽物等；②言语侮辱，如用恶毒刻薄的语言对被害人进行嘲笑、辱骂，使其当众出丑；③文字侮辱，如以大字报、图画、漫画、信件或者在报刊图书上写文章等方式诋毁他人人格，破坏他人名誉。

9. 防范“非法拘禁罪”。

★《中华人民共和国刑法》第二百三十八条规定，非法拘禁他人或者以其他方法非法剥夺他人人身自由的，处三年以下有期徒刑、拘役、管制或者剥夺政治权利。具有殴打、侮辱情节的，从重处罚。犯前款罪，致人重伤的，处三年以上十年以下有期徒刑；致人死亡的，处十年以上有期徒刑。使用暴力致人伤残、死亡的，依照本法第二百三十四条、第二百三十二条的规定定罪处罚……

（1）教师将学生单独留在教室、办公室写作业时，不得将房门上锁；不得以反思错误为由，将学生锁在办公室、宿舍、储藏室等封闭的空间，或者以其他方式长时间限制学生的人身自由。

（2）教师长时间地非法限制学生的人身自由，一旦造成不良后果（如造成学生自杀、自残，或者因外力作用而死亡、伤残、诱发精神疾病的），将涉嫌构成非法拘禁罪。

10. 防范“教育设施重大安全事故罪”。

★《中华人民共和国刑法》第一百三十八条规定，明知校舍或者教育教学设施有危险，而不采取措施或者不及时报告，致使发生重大伤亡事故的，对直接责任人员，处三年以下有期徒刑或者拘役；后果特别严重的，处三年以上七年以下有期徒刑。

（1）对校园建筑、场地、设施、设备负有安全职责的教职工，发现、得知（包括自己发现，或者经其他教职工、学生报告后得知）校舍或者教育教学设施有危险后，应当及时采取措施消除安全隐患；无力采取措施的，应当立即上报有关部门或有关人员，并先行采取紧急措施（如采取隔离措施、张贴警示标志、在现场维持秩序等）保护学生的安全。

（2）教职工明知校舍或者教育教学设施存在危险，没有及时采取措施消除危险或者不及时报告，致使发生重大伤亡事故（造成死亡一人以上或者重伤三人以上的事故）的，涉嫌构成教育设施重大安全事故罪。

11. 防范“危险驾驶罪”。

★《中华人民共和国刑法》第一百三十三条之一规定，在道路上驾驶机动车，有下列情形之一的，处拘役，并处罚金……（三）从事校车业务或者旅客运输，严重超过额定乘员载客，或者严重超过规定时速行驶的……

（1）校车在运送学生过程中，不得超过额定乘员载客，不得超过规定时速行驶。

（2）校车在运送学生过程中严重超载或者严重超速的，驾驶人涉嫌构成危险驾驶罪。校车所有人、管理人对严重超载、严重超速行为负有直接责任的（如指使司机超载或超速），依照危险驾驶罪的规定处罚。

12. 防范“侵犯公民个人信息罪”。

★《中华人民共和国刑法》第二百五十三条之一规定，违反国家有关规定，向他人出售或者提供公民个人信息，情节严重的，处三年以下有期徒刑或者拘役，并处或者单处罚金；情节特别严重的，处三年以上七年以下有期徒刑，并处罚金。违反国家有关规定，将在履行职责或者提供服务过程中获得的公民个人信息，出售或者提供给他人的，依照前款的规定从重处罚。窃取或者以其他方法非法获取公民个人信息的，依照第一款的规定处罚。单位犯前三款罪的，对单位判处罚金，并对其直接负责的主管人员和其他直接责任人员，依照各该款的规定处罚。

（1）教职工在日常工作中应当尊重、保护学生及其家长的隐私权，不得泄露学生及其家长的个人隐私，不得将学生或其家长的个人隐私（包括姓名、职业、职务、年龄、婚姻状况、学历、专业资格、工作经历、家庭住址、电话号码、信用卡卡号、指纹、网上登录账号、密码等能够识别公民个人身份的信息）出售或者提供给他人。

（2）教职工将在履行职责过程中获得的学生及其家长的个人信息出售或者提供给他人的，涉嫌构成侵犯公民个人信息罪。

13. 防范“故意（或过失）泄露国家秘密罪”。

★《中华人民共和国刑法》第三百九十八条规定，国家机关工作人员违反保守国家秘密法的规定，故意或者过失泄露国家秘密，情节严重的，处三年以下有期徒刑或者拘役；情节特别严重的，处三年以上七年以下有期徒刑。非国家机关工作人员犯前款罪的，依照前款的规定酌情处罚。

（1）教职工在履行职责过程中一旦接触到国家秘密，应当严格保密，不得泄露。普通教职工在履行职务过程中可能接触到的国家秘密主要是各级国家教育考试在启用之前的试题（包括副题）、参考答案和评分标准，知悉人员应当严守前述秘密。

（2）教职工故意或过失泄露国家秘密，情节严重的，涉嫌构成故意泄露国家秘密罪或过失泄露国家秘密罪。

14. 防范“贪污罪”。

★《中华人民共和国刑法》第三百八十二条规定，国家工作人员利用职务上的便利，侵吞、窃取、骗取或者以其他手段非法占有公共财物的，是贪污罪。受国家机关、国有公司、企业、事业单位、人民团体委托管理、经营国有财产的人员，利用职务上的便利，侵吞、窃取、骗取或者以其他手段非法占有国有财物的，以贪污论。与前两款所列人员勾结，伙同贪污的，以共犯论处。

★《中华人民共和国刑法》第三百八十三条规定，对犯贪污罪的，根据情节轻重，分别依照下列规定处罚：（一）贪污数额较大或者有其他较重情节的，处三年以下有期徒刑或者拘役，并处罚金。（二）贪污数额巨大或者有其他严重情节的，处三年以上十年以下有期徒刑，并处罚金或者没收财产。（三）贪污数额特别巨大或者有其他特别严重情节的，处十年以上有期徒刑或者无期徒刑，并处罚金或者没收财产；数额特别巨大，并使国家和人民利益遭受特别重大损失的，处无期徒刑或者死刑，并处没收财产。对多次贪污未经处理的，按照累计贪污数额处罚……

（1）教职工在工作中应当廉洁奉公，不得利用职责范围内主管、经手、管理公共财产的职权所形成的便利条件，侵吞、窃取、骗取或者以其他手段非法占有公共财物（指国有财产、劳动群众集体所有的财产和用于扶贫及其他公益事业的社会捐助或者专项基金的财产）。

（2）具有国家工作人员身份的教师（即具有事业单位编制的公办教师）利用职务上的便利，贪污公共财物的，涉嫌构成贪污罪。

15. 防范“职务侵占罪”。

★《中华人民共和国刑法》第二百七十一条规定，公司、企业或者其他单位的人员，利用职务上的便利，将本单位财物非法占为己有，数额较大的，处五年以下有期徒刑或者拘役；数额巨大的，处五年以上有期徒刑，可以并处没收财产。国有公司、企业或者其他国有单位中从事公务的人员和国有公司、企业或者其他国有单位委派到非国有公司、企业以及其他单位从事公务的人员有前款行为的，依照本法第三百八十二条、第三百八十三条的规定定罪处罚。

（1）民办学校的教职工、公办学校不具有事业单位编制的教职工在工作中应当清正廉洁，不得利用职务上的便利，将本单位财物非法占为己有（即将原本属于本单位的财物，非法地变为个人所有）。

（2）不具有国家工作人员身份的教职工利用职务上的便利，将本单位财物非法占为己有，数额较大的，涉嫌构成职务侵占罪。

16. 防范“受贿罪”和“非国家工作人员受贿罪”。

★《中华人民共和国刑法》第三百八十五条规定，国家工作人员利用职务上的便利，索取他人财物的，或者非法收受他人财物，为他人谋取利益的，是受贿罪。国家工作人员在经济往来中，违反国家规定，收受各种名义的回扣、手续费，归个人所有的，以受贿论处。

★《中华人民共和国刑法》第三百八十六条规定，对犯受贿罪的，根据受贿所得数额及情节，依照本法第三百八十三条的规定处罚。索贿的从重处罚。

★《中华人民共和国刑法》第一百六十三条规定，公司、企业或者其他单位的工作人员利用职务上的便利，索取他人财物或者非法收受他人财物，为他人谋取利益，数额较大的，处五年以下有期徒刑或者拘役；数额巨大的，处五年以上有期徒刑，可以并处没收财产。公司、企业或者其他单位的工作人员在经济往来中，利用职务上的便利，违反国家规定，收受各种名义的回扣、手续费，归个人所有的，依照前款的规定处罚。国有公司、企业或者其他国有单位中从事公务的人员和国有公司、企业或者其他国有单位委派到非国有公司、企业以及其他单位从事公务的人员有前两款行为的，依照本法第三百八十五条、第三百八十六条的规定定罪处罚。

（1）学校教职工应当廉洁奉公，不得利用职务之便索贿、受贿或者在经济往来中收受各种名义的回扣、手续费。

（2）学校及其他教育机构中的国家工作人员，在学校招生录取、基建工程、食堂承包、房屋租赁等环节中索贿的，或者受贿并为他人谋取利益的，或者在教材、教具、校服或者其他物品的采购等活动中，利用职务上的便利，索取销售方财物，或者非法收受销售方财物，为销售方谋取利益，构成犯罪的，依照《中华人民共和国刑法》第三百八十五条的规定，以受贿罪定罪处罚。学校及其他教育机构中的非国家工作人员，有前款行为，数额较大的，依照《中华人民共和国刑法》第一百六十三条的规定，以非国家工作人员受贿罪定罪处罚。

（3）学校及其他教育机构中的教师，利用教学活动的职务便利，以各种名义非法收受教材、教具、校服或者其他物品销售方财物，为其谋取利益，数额较大的，依照《中华人民共和国刑法》第一百六十三条的规定，以非国家工作人员受贿罪定罪处罚。

（三）教职工职务犯罪防范的制度建设

17. 学校应当建立健全各项规章制度，明确各个岗位的职责要求，完善监督机制和考评机制，规范教职工的履职行为。

18. 学校在日常工作中应当推行民主管理，坚持重要事项、重大项目、重要人事任免和大额度资金使用必须经过领导集体研究决定的决策制度；事关教职工利益的重大决策，应当提交教职工大会（或者教职工代表大会）审议和表决。

19. 学校应当深化校务建设，特别是在物资采购、基建工程、入学收费等方面要建立公开透明、集体决策的阳光制度，完善内、外监督机制。

20. 学校应当定期对教职工开展职业道德教育和法治教育，提高教职工的职业道德素养和思想觉悟水平，增强其法治观念，增强其依法治教、依法执教的主观能动性。

第四章
学校其他重要事务规范化管理

第一节 学校章程与校规制定规范化管理操作指南

情境再现

据媒体报道，校长辞职、弹劾校长等词语出现在《北京市十一学校章程》(以下简称《章程》)里。“教代会每年8月底对校长进行信任投票，采取无记名投票，并当场公布投票结果。达不到60%的信任票，校长必须自行辞职；达到60%但连续三年未达到80%时，校长也必须自行辞职。”“教代会代表20人及以上提议，可临时召开教职工代表大会，提请对校长的弹劾或对有关政策方案修改的建议议程，经全体代表60%以上同意后，方可启动弹劾校长或修订政策方案的程序。”在北京市十一学校第十一届教职工代表大会第三次会议上通过的《章程》，对十一学校的基本主张、治理结构、财务管理等做了描述和界定，不仅将学校运行中各个领域的工作加以规约，还将弹劾校长和校长辞职等涉及人事制度的内容纳入了治理结构的描述中。“学校内部治理的良好生态，必须建立在多主体、全领域、各环节之中，也只能在实践过程中不断深化。”这是该校教师们的共识。在教学领域，校方、学术方、学科、教师、学生以及家长，各自应该在各个不同的教学环节上具有怎样的责权？在资源的配置方面，管理者与使用者，教师与学生应该在资源链条的哪一些环节发挥作用？如果明确上述权责，保障没有哪一个领域、哪一件事情可以仅仅靠一个独断的决策说了算，那么，这样的学校治理结构可能会更加安全，其治理能力也相伴而生。

问题思考

1. 学校章程有何重要意义？
2. 如何制定一部有效的学校章程？

法规依据

《中华人民共和国教育法》《中华人民共和国义务教育法》《中华人民共和国教师法》《中华人民共和国未成年人保护法》《全面推进依法治校实施纲要》《依法治教实施纲要（2016—2020年）》

操作指南

（一）通则

1. 学校章程是学校的“宪法”，是学校自主办学、自主管理的根本依据，是建立现代学校制度、实现依法治校的基石，也是国家管理学校、社会监督学校的主要依据。

2. 学校章程规定了学校办学、管理中的重大问题和根本制度，是学校落实自我管理的行为规范，也是学校制定其他规章制度的基本依据。

3. 学校应当按照法律和国家规定制定学校章程，并以章程为依据制定各个方面的规章制度。学校章程和规章制度的内容不得违反法律，不得违背党和国家的教育方针政策。

（二）学校章程的制定

4. 制定学校章程应当采取“开门立法”的方式，动员广大教职工、学生、家长、社区力量等相关各方主体积极参与，使立章活动成为汇聚民意、凝聚共识、集中民智的过程，为制定“良”章和章程日后的实施奠定良好的基础。

5. 学校应成立章程制定小组，广泛征询民意、集中民智。

★ 章程制定小组的成员应当具有广泛代表性，应包括干部、教师、教辅与后勤员工、学生及家长等各个方面的代表人员；

★ 小组成员分工负责，分别就某一领域、某一方面的事项分头调研、征集民意，并归纳、提炼出条文式的意见内容。

6. 章程制定小组汇集各成员的意见内容，开会深入论证，确定主要条款内容。

7. 指定章程制定小组成员中具有一定的法律知识、文笔较好的教师（有条件的学校可委托专业律师），按照章程范本的结构和形式要求，将已经确定的条款内容整合、书写成规范的《学校章程（草案）》。

8．章程制定小组就《学校章程（草案）》的内容和形式，征求法律、教育方面专家的意见，确保章程形式规范，内容不违背法律、党和国家的教育方针政策以及教育基本规律。

9．章程制定小组将《学校章程（草案）》提交由学校教职工代表大会进行审议和表决。

10．经学校教职工代表大会审议通过的章程，由校长办公会议审定后形成章程核准稿，由学校法定代表人签发报教育行政部门核准。

11．经上级教育行政部门核准后，学校发布章程的正式文本，章程自发布之日起生效。

12．学校章程包含以下结构：

（1）学校章程的标题：《×××（学校全称）章程》。

（2）学校章程的正文结构一般包括总则、分则、附则。

★ 总则：总体说明学校的基本信息、性质、宗旨、任务和作风等；

★ 分则：介绍学校各个方面的重大、基本制度，包括治理机构、内部管理体制、重要工作的管理、成员的权利和义务、经费管理等方面的基本制度；

★ 附则：附带说明制定权、修改权和解释权等。

13．学校章程包含以下内容：

（1）常规内容

学校章程的内容一般主要包括：学校名称、地址，办学规模，主办者及单位性质，办学宗旨，培养目标，内部管理体制，教育教学等重要工作的管理，校长、教师和学生的权利与义务，经费来源、财产和财务制度，章程的修改程序，等等。

（2）可选择的内容

除常规内容外，各学校还可以根据本校的实际情况，规定一些具有个性特征的内容，诸如校风、学风、校训、校徽、校歌、校旗、纪念日等。

（3）特色规定

虽然学校的章程内容多为常规事项，但是各学校可根据自身的办学特色、管理特色，就相关事项做出个性化、特色化的规定，用章程来确认、引领、规范本校的特色办学，让章程深深地打上本校的烙印。

14. 章程发布后，学校应当大张旗鼓地开展章程的宣传教育活动，让教职员工、学生、家长及相关社会公众知晓学校章程的内容，引导相关主体自觉遵守章程，维护章程的权威。

15. 学校还应设立专门机构，负责监督章程的执行情况，并依据章程审查学校内部规章制度，受理对违反章程的管理行为、办学活动的举报和投诉。

（三）学校规章制度的制定

16. 学校规章制度（以下简称校规），是学校为了维护正常的工作、学习和生活秩序，针对被管理对象制定的各种行为准则。

17. 校规的内容主要是规定行为模式，即行为人可以怎样做、应当怎样做、禁止怎样做。除行为模式外，校规还可以规定后果模式，即规定行为人做出符合行为模式中规定的行为时可以获得的奖励，以及做出违反行为模式中规定的行为时可能遭受的惩罚。后果模式可以与行为模式一起出现在同一部校规中，也可以由专门的校规（如学生违纪行为处理规定）集中、统一规定。

18. 校规制定的主要依据包括：法律法规、学校章程、中小学生守则、中小学生日常行为规范等。

★ 校规的内容不得违反法律法规的规定，否则即可能构成对管理对象合法权益的侵害，无法实现既定的管理目的。实践中，针对学生行为管理的校规，其内容的违法性主要体现在以下几个方面：

①侵犯学生的受教育权，例如规定对尚在接受义务教育的学生予以开除学籍的处罚。

②侵犯学生的生命健康权，例如规定对违纪的学生予以体罚。

③侵犯学生的财产权，例如规定对学生予以罚款、没收学生的财物。

④侵犯学生的名誉权，例如规定让违纪的学生站在主席台前当众检讨。

★ 除了以上几种常见的情形之外，校规内容的违法性情形还包括：规定学校可搜查学生的物品，可对学生进行搜身检查、关禁闭，从而涉嫌侵犯学生的人身自由权；规定学校出于某种教育目的可查看、截留学生的私人信件，从而涉嫌侵犯学生的通信秘密、通信自由权；规定学校可公布学生的学习成绩及其排名，从而涉嫌侵犯学生的隐私权。

★ 学校章程是校规的“母法”，校规是对章程中某一方面的内容所做的细化规定。校规的内容不得与章程相抵触，否则不得作为执行依据。对于违反章程规定的校规，任何人有权要求学校予以撤销。

19. 校规可以由分管某一事项的部门在调研的基础上进行起草，并由学校行政办公会予以讨论、决定后定稿。

20. 校规在公布之前应当交由掌握法律知识的教师（有条件的学校可直接交由专业律师）进行“合法性”审查与把关，以避免其内容违反法律的强制性规定。

21. 校规制定后应当予以公布，让每一位被管理者知晓其内容，未经公布的校规不得执行，不得作为约束被管理者行为的制度依据。

22. 涉及教职工重大利益的校规，应当经由学校教职工代表大会审议通过后方可执行。

23. 校规应当与时俱进，学校应定期对校规进行重新审查，及时清理校规中不合法、不合时宜的内容，确保校规的时代生命力。

第二节 学校对外合同订立规范化管理操作指南

情境再现

据媒体报道，2011年5月26日，湖北省武汉市某公安分局经侦大队接北京某学校校长杨某报案称，他与自称某国有大型企业的“韩景恒”，在武汉市一酒店客房签订了价值320余万元的委托培训合同，但被韩某以索要回扣为由，骗取6万元和黄金手链一条。经侦大队调查发现，“韩景恒”的身份信息、通信信息全是假的。经一个多月的调查，警方查清了以檀某为首的4人诈骗作案团伙，他们假冒大型企业之名，以召开大型会议需要发放纪念物品或者需要委托培训等为由，诱骗他人签订假合同，然后索要骗取回扣。摸清4人租住地址后，警方于7月15日收网将4人全部抓获。

问题思考

1. 学校在对外订立合同时应当注意哪些问题？
2. 学校怎样建立合同管理常规？

法规依据

《中华人民共和国合同法》《中华人民共和国民法通则》《中华人民共和国民法总则》

操作指南

（一）通则

1. 学校对外订立合同，应当遵循《中华人民共和国合同法》《中华人民共和国民法通则》等有关法律法规的规定，依法维护自身的合法权益，防止学校的权益受到侵害。

2. 学校应当建立健全合同管理制度，加强风险防范，依法签订、履行、变更、解除合同，依法处理合同纠纷，规范对外合作往来的正常活动秩序。

（二）对外合同的签订

3. 为了维护自身的合法权益，学校的工程建设、金额较大的设备采购、房屋租赁、学生游学、合作办学以及其他重大的对外往来活动，应当由校方与对方当事人依法签订书面的合同。

4. 学校应当指派掌握法律知识的工作人员（必要时可聘请律师）负责处理对外合同的相关事宜，包括参与谈判、必要的调查、起草和修改合同、监督合同的履行等。

5. 对外往来合同的订立与履行，应当遵循平等、自愿、公平、诚实守信、不得损害社会公共利益的原则。

6. 在签订合同之前，学校应当了解对方当事人的主体资质（即对方在法律上是否有资格对外签订合同），防止因对方当事人没有订约资质而导致订立无效合同，从而造成校方利益受损甚至陷入不法分子设置的骗局。

★ 审查对方的主体资质，一看对方是否真实存在（防止不法分子虚构不存在的单位骗取钱财），二看对方是否具备法律规定的签约资格。

★ 合同的订立主体，一般包括自然人、法人和其他组织。

①对方为自然人时，必须是完全民事行为能力人，即签约人精神正常，且年满18周岁，或者年龄虽为16至18周岁但以自己的收入为主要生活来源。学校不得与不具有完全民事行为能力的未成年人或精神病人签订合同。学校应当通过查看对方的身份证、户口簿等方式核实其资质。

②对方为法人组织时，学校应当重点审查其是否依法成立并具有独立的法人资格。学校可查看其营业执照以及法人登记证书，必要时可到政府举

办的有关信息公示网站查询其资质状况。学校还应当查看其营业执照登记的经营范围是否有相关业务，从事国家特殊许可业务的，还应当查看其特殊经营许可证。

③对方为合伙企业、法人组织的分支机构等不具备法人资格的其他组织时，应当审查其是否依法登记并取得营业执照。法人组织的分支机构订立合同，应当有法人组织的授权。法人组织的内设管理机构（如各科、处、室等）不具备签约主体资格，不得对外订立合同。

7. 在签订合同之前，学校应当了解对方当事人的履约能力。学校应当尽可能选择与实力较为雄厚的对方当事人进行交易、签订合同。学校可通过审查其注册资金、公司规模、办公环境、社会声誉、行业评级、消费者评价等方式，了解其履约能力和资信状况。必要时可要求其提供资信证明。避免与“皮包”公司或者履约能力不足的对方当事人签订合同。

8. 对于前来与学校洽谈签约事宜的对方工作人员，学校应当谨慎地核实其身份，必要时应当打电话向对方单位进行核实。该人员为法定代表人的，应当查看其法定代表人身份证明；为法人的授权代表的，应当查看其授权委托书。防范有人假冒某一单位或者违背某一单位的意愿向学校骗取钱财。

9. 学校签订合同，应当尽可能采用行业主管部门推荐的合同范本。没有合同范本的，应当通过与对方当事人平等协商，公平、公正地制定合同条款内容，明确各自的权利和义务。

10. 学校签订的合同，应当符合内容合法、条款齐备以及权利和义务的约定具体、明确的要求。合同一般应当包括以下条款内容：

（1）各方当事人的名称或者姓名、住所、联系电话。

（2）合同标的。标的是指合同当事人双方权利和义务（债权、债务）所共同指向的对象。它是合同成立的必要条件，是一切合同的必备条款。合同标的一般包括物、行为与智力成果等。

（3）数量。合同标的物的数量要确切，双方当事人应选择共同接受的计量单位和计量方法。

（4）质量。标的物的质量需规定得详细、具体，如标的物的技术指标、质量要求、规格、型号等都要明确。

（5）价款或者报酬。价款是购买标的物所应支付的代价，报酬是获得服务应当支付的代价，这两项作为合同的主要条款，都应在合同中予以明确规定。

（6）履行期限。履行期限是指合同中规定的当事人履行义务（如交付标的物、支付价款或者报酬、履行劳务、完成工作成果）的时间界限。为了防止当事人随意拖延履行，合同应当对履行期限做出明确约定。

（7）履行地点和方式。履行地点是指当事人履行合同义务和对方当事人接受履行的地点。履行方式是指当事人履行合同义务的具体办法（例如是一次性交付还是分期交付，是空运、水运还是陆运等）。履行地点和履行方式在合同中应当规定得明确、具体。

（8）违约责任。违约责任是指当事人一方或者双方不履行合同或者不适当履行合同，应当承担的法律责任。合同中应当明确约定违约责任，因为它可以督促当事人认真地履行合同义务，并保护守约的一方在对方违约时尽可能地免受或少受损失。

（9）解决争议的方式。当事人可以在合同中约定，当双方因为履行合同发生纠纷时，选择什么样的途径来解决纠纷，是选择仲裁还是诉讼的方式来解决。当事人还可以就仲裁机构或者诉讼法院的选择做出约定（对法院的选择不得违反法律关于级别管辖的规定）。

11. 订立合同时，双方当事人都应当在合同上签字、盖章。当事人为个人的，应当签字并加摁手印。当事人为单位的，应当加盖单位的公章或者合同专用章。合同书为多页时，双方当事人除在合同的末页尾部签字盖章之外，个人宜在每一页上都签字，单位应当加盖骑缝章，以防止当事人暗自替换合同内页或篡改合同内容。

12. 合同签订后，学校应当妥善保管合同，并严格履行合同。

（三）对外合同的管理

13. 学校应当成立专门机构或者指定专人负责管理学校的合同。对已签订的合同，要逐个进行分类、编号、登记、归档，妥善保存，防止遗失。

14. 学校应当本着诚实守信的原则履行合同。当对方当事人未按时履行合同时，学校应当及时进行催告，防止对方毁约。

15. 在合同履行过程中，双方当事人经协商一致后，可以通过签订补充协议的方式，对合同的原有内容进行变更。未经双方当事人协商一致，任何一方无权单方变更合同的内容。一经变更，双方均应履行变更后的合同。

16. 在合同履行过程中，经双方当事人协商一致后，可以解除合同。合同约定了解除条件的，当条件成就时，当事人可以解除合同。一方当事人不履行合同，构成根本违约或者导致合同目的无法实现时，守约的另一方当事人有权解除合同。

17. 学校与对方当事人因履行合同而发生纠纷后，可以与对方协商解决，协商不成的，可以通过仲裁或者诉讼的方式解决纠纷。合同中约定了解决争议的方式的，应当按照约定的方式解决纠纷。

第三节　学校参加诉讼活动规范化管理操作指南

情境再现

据媒体报道，2012年9月，陈先生的女儿从博罗某小学转入广州市某公办学校就读四年级。陈先生诉称，当时学校要求缴交捐资助学款7000元，事后他按时去交了钱。2014年女儿小学毕业以后，陈先生则将学校告上了法庭。陈先生认为，2012年1月，教育部同国家发展改革委、审计署共同制定《治理义务教育阶段择校乱收费的八条措施》，禁收择校、捐赠助学款，禁止任何考试招生和收费行为。2011年4月，教育部等七部门发文，禁止学校向学生收与入学挂钩的任何费用。陈先生说，早在2010年广州市《关于进一步做好优秀外来工入户和农民工子女义务教育工作的意见》就规定，在公办学校就读的来穗务工就业农民工子女收费与户籍学生同等待遇。“我的女儿在义务教育阶段入学，被学校违法违规收取了与学位挂钩的捐资助学款，学校对我女儿与户籍学生不是同等待遇，这违反了广州市政府的相关文件规定。”因此，陈先生起诉请求法院判令学校乘人之危与其签订的捐赠协议无效，并退还与学位挂钩的捐资助学款7000元。海珠区法院经审理认为，本案没有证据证实陈先生向学校出具的《捐资助学意向书》符合无效合同的法定情形。此外，《捐资助学意向书》性质上属于赠与合同，而且该捐资助学款具有社会公益性质，依法不得任意撤销。另外，陈先生出具《捐资助学意向书》在前，缴纳款项在后，起诉前陈先生也从未向学校提出退款要求，目前也无证据证明学校采用乘人之危的手段，强迫陈先生出具意向书及缴纳捐资助学款。据此，法院一审判决驳回陈先生的全部诉讼请求。

问题思考

1. 学校在诉讼活动中如何依法维护自身的合法权益?
2. 打赢了官司，对方不执行生效判决怎么办?

法规依据

《中华人民共和国民事诉讼法》《最高人民法院关于适用〈中华人民共和国民事诉讼法〉的解释》

操作指南

（一）通则

1. 学校与他人之间因为民事权益矛盾或者经济利益冲突而产生纠纷后，可以通过协商、第三人居中调解、诉讼等方式解决纠纷。其中诉讼是由人民法院主导的一种专门司法活动。发生纠纷后，学校可能主动起诉，从而以原告的身份参加诉讼活动；也可能因被对方当事人起诉至法院，从而以被告的身份参加诉讼活动。

2. 学校应当了解关于诉讼活动的基本法律常识，搜集、提交充分的证据，掌握与案件相关的法律规定，依法参加诉讼活动，积极维护自身的合法权益。

（二）学校参加诉讼活动的基本要求

3. 学校与他人之间发生民事纠纷后（例如与学生之间发生校园伤害事故赔偿纠纷，与教师之间发生聘用合同纠纷，与供货商之间发生买卖合同纠纷，以及与其他民事主体之间发生的其他民事纠纷），可以与对方当事人协商解决，也可提请上级教育行政部门、司法所等第三方进行居中调解。通过协商或者调解无法解决的，任何一方均可向法院提起诉讼。

4. 因为对方的侵权行为或者违约行为而损害了学校的合法权益的（例如

导致学校蒙受经济损失或者名誉受损），学校有权以对方为被告，向法院提起诉讼，要求对方承担相应的民事责任。

★《中华人民共和国民法通则》规定，承担民事责任的方式主要有：（1）停止侵害；（2）排除妨碍；（3）消除危险；（4）返还财产；（5）恢复原状；（6）修理、重作、更换；（7）继续履行；（8）赔偿损失；（9）支付违约金；（10）消除影响、恢复名誉；（11）赔礼道歉。以上承担民事责任的方式，可以单独适用，也可以合并适用。

5. 学校被对方当事人以侵权或者违约为由，起诉到法院，成为诉讼活动的被告的，应当积极参加诉讼，依法维护自身的合法权益。

6. 学校在参加诉讼活动之前，应当根据本单位以及案件的实际情况，决定是否聘请律师作为本方的代理人参加诉讼活动。

★ 如果涉案纠纷事实比较清楚，法律关系简单，争议金额也不大，而且学校的员工足以胜任诉讼代理工作，可以不必聘请律师。

★ 如果案件争议金额很大（例如索赔金额很高），或者案件涉及的法律关系比较复杂，或者学校没有能力自行搜集证据，学校最好还是应当聘请律师。诉讼是一种专业性很强的活动，非专业人士未受过专门训练，不具备娴熟的诉讼技能，不一定能够充分地维护学校的合法权益。

7. 学校主动起诉的，在起诉之前，应当先行搜集、整理能够支持本方诉求的各种证据。证据应当力求充分，且彼此之间能够形成完整的证据锁链，能够充分证明本方的诉讼主张。没有证据，官司很难打赢。

★ 按照《中华人民共和国民事诉讼法》的规定，证据包括以下几种：

（1）当事人的陈述。当事人在诉讼中向人民法院所做的关于案件事实的叙述，称为当事人的陈述。

（2）书证。凡是用文字、符号、图画在某一物体上表达人的思想，其内容可以证明待证事实的一部或全部的，称为书证。

（3）物证。凡是用物品的外形、特征、质量等证明待证事实的一部或全部的，称为物证。

（4）视听资料。凡是利用录像、录音磁带反映出的图像和音响，或以电脑储存的资料来证明待证事实的证据，称为视听资料。

（5）电子数据。与案件事实有关的电子邮件等以电子形式存在的证据，称为电子数据。

（6）证人证言。诉讼参加人以外的其他人知道本案的有关情况，应由人民法院传唤，到庭所做的陈述，或者向人民法院提交的书面陈述，称为证人证言。

（7）鉴定意见。人民法院审理民事案件，对某些专门性问题，指定具有专业知识的人进行鉴定，从而做出科学的分析，提出结论性的意见，称为鉴定意见。

（8）勘验笔录。人民法院审判人员为了查明案情，对与争议有关的现场或者物品，亲自进行勘查检验，进行拍照、测量，将勘验情况和结果制成笔录，称为勘验笔录。

8. 在证据搜集、整理完备之后，学校可着手起草民事起诉状。起诉状的格式应当符合规定的要求。学校可参考法院提供的起诉状的范本进行起草。

★ 民事起诉状应当包括以下内容：

（1）标题。单列一行居中写“民事起诉状”。

（2）诉讼参与人的基本情况。原、被告是公民的，应当写明姓名、性别、年龄、民族、籍贯、职业、工作单位和住址等。原、被告是单位的，应当写明单位名称、地址、法定代表人姓名及职务等。

（3）诉讼请求。这一部分要写明原告向法院提出的，要求法院予以判决的诉状主张。例如，要求判决被告赔偿损失、偿还欠款、履行合同等。诉讼请求应写得明确、具体、简明扼要。

（4）事实和理由。这一部分是起诉状的正文和核心部分，是请求人民法院裁决当事人之间权益纠纷的重要根据。一般是先写事实，后写理由。

（5）证据和证据来源，证人的姓名和住所等。

（6）起诉状递交的人民法院名称。

（7）具状人签名或者盖章，并注明提交诉状的时间。

（8）附项。应依次写明本起诉状副本的份数，书证、物证的名称、件数等。

9. 写好起诉状后，学校应当到法院的立案大厅递交诉状及附属证据材料，并在法院受理案件后，按要求到法院指定的收费处交纳诉讼费，等候法院开庭的通知。

10. 若是对方当事人起诉学校，将学校列为被告的，学校在接到法院的传票和诉讼材料后，要及时准备书面答辩材料，并按规定的时间向法院递交《民事答辩状》。同时，在法院通知的开庭时间到来之前，学校要积极搜集、整理有利于本方的各种证据，查询、了解与案件相关的法律规定，为即将到来的庭审活动做好充分准备。

11. 学校应当按照法院通知的时间，准时到达法庭参加开庭审理活动。在法庭上，学校要通过摆证据，讲法律，来证明本方的诉讼主张，并反驳对方当事人的诉讼主张，最大限度地维护本方的合法权益。

12. 为了能够更好地参加庭审活动，学校应当了解庭审的基本程序。一般而言，庭审活动通常包括以下几个阶段。

（1）庭审准备

在这一阶段，审判员和书记员将会开展如下准备工作：查明当事人及其他诉讼参与人是否到庭；核实原告、被告的身份；查明代理人的代理资格和代理权限；宣布审判人员、书记员名单；告知当事人有关的诉讼权利义务；宣布法庭纪律；询问当事人是否提出回避申请；等等。

（2）法庭调查

这是庭审活动的核心环节之一。在这一阶段，法庭将先后开展如下工作：①当事人陈述。一般为原告宣读起诉状，被告进行答辩（宣读答辩状）。②审判员就案件事实进行询问，归纳本案争议焦点或者法庭调查重点，并征求当事人的意见。③原告进行举证（出示证据并说明其所证明的内容），被告进行质证（对原告的前述证据发表认可或反驳的意见）。④被告进行举证，原告进行质证。

（3）法庭辩论

这是庭审活动的另一个核心环节，在这一阶段，原、被告将分别围绕着案件的争议焦点，从事实和法律两个方面进一步陈述本方的诉讼主张，反驳对方的诉讼主张，双方展开辩论。

（4）最后陈述

在这一阶段，原、被告将分别陈述自己的最后诉讼意见。

（5）法庭调解

在这一阶段，法官将征询原、被告的调解意愿及调解条件，如果双方在法官的主持下能够达成一致的调解意见，则法庭可做出《民事调解书》，该调解书经双方签收后即具有法律效力。

（6）判决

若是双方中任意一方不愿意调解，或者虽经法官调解但双方无法达成一致意见的，法官可当庭做出判决，也可于一定日期后做出判决（实践中后者更为常见）。这一判决系由一审法院做出的，因而也称一审判决。

13. 熟悉了庭审活动的基本程序之后，学校在庭审过程中应当按照规定或者法官的要求充分地行使自己的诉讼权利，参加庭审活动，协助法官查明案件事实，清楚地表达本方的诉讼主张和意见，依法维护本方的合法权益。

14. 我国现行的审判制度实行的是两审终审制。对于一审判决结果，如果原、被告都表示服从，在法定上诉期限内都未提起上诉，则上诉期限届满后该判决即发生法律效力，双方应当予以执行。

15. 如果原、被告中有一方或者双方均不服从一审判决的，则可以在上诉期限内提起上诉，案件由此进入二审程序。二审的庭审程序与一审相类似。二审判决一经做出即生效，当事人应当履行。

（三）申请强制执行

16. 学校打赢了官司，拿到了胜诉的判决书，判决书已经生效，但对方却拒不履行判决书确定的义务，此时，学校应当及时向法院申请强制执行。

★ 强制执行，是指人民法院按照法定程序，运用国家强制力量，根据执行文书所确定的内容，强制民事义务人完成其所承担的义务，以使权利人的权利得以实现。

17. 按照法律规定，发生法律效力的民事判决、裁定，由审理该案件的第一审人民法院或者与第一审人民法院同级的被执行的财产所在地人民法院执行。实践中，作为胜诉一方的学校，一般应当向审理该案件的第一审人民法院申请强制执行。

18. 学校申请强制执行，应当在法律规定的期限内及时提出。按照规定，申请执行的期间为二年，从法律文书规定的履行期间的最后一日起计算，法律文书规定分期履行的，从规定的每次履行期间的最后一日起计算，法律文书未规定履行期间的，从法律文书生效之日起计算。

第四节　教师校内申诉规范化处理操作指南

情境再现

据媒体报道，2012年底，教育部公布了《全面推进依法治校实施纲要》（以下简称《纲要》）。《纲要》明确，要完善教师学生权利救济制度，学校要设立教师申诉或者调解委员会；学校处理教师、学生申诉或纠纷，应当建立并积极运用听证方式，保证处理程序的公开、公正。《纲要》强调，要健全学校权利救济和纠纷解决机制，有效化解矛盾纠纷，完善教师、学生权利救济制度。学校要设立教师申诉或者调解委员会，就教师因职责权利、职务评聘、年度考核、待遇及奖惩等，与学校及有关职能部门之间发生的纠纷，或者对学校管理制度、规范性文件提出的意见，及时进行调处，做出申诉结论或者调解意见。教师申诉或者调解委员会应当有广泛的代表性和权威性，成员应当经教职工代表大会认可。

问题思考

1. 什么是教师校内申诉制度？
2. 学校应当怎样建立教师校内申诉制度？

法规依据

《中华人民共和国教师法》《全面推进依法治校实施纲要》《依法治教实施纲要（2016—2020年）》

操作指南

（一）通则

1．为了切实维护教师的合法权益，促进学校及其有关职能部门依法行使管理职权，使学校管理工作走向制度化、规范化，学校应当建立、健全教师校内申诉制度。

2．建立完善的教师校内申诉制度，是学校运用法治思维和法律武器解决改革发展中遇到的矛盾纠纷问题的有效手段，有利于及时化解校内的矛盾纠纷，建立和谐的校园文化，从而为提高办学质量奠定良好的基础。

3．学校应当制定教师校内申诉的具体规定，完善教师校内申诉处理流程，依法、依章处理教师申诉，维护教师的合法权益。

（二）处理教师申诉的机构

4．学校设立教师申诉处理委员会（以下简称“教申委”），作为处理教师校内申诉的专门机构。“教申委”主任委员、副主任委员由校领导担任，成员由学校党组织、校长办公室、工会、德育处、教务处、总务处、人事处、共青团、各学科教研室、各年级组等相关部门负责人，以及教职工代表、法律顾问等组成。“教申委”的人数应当为单数。

5．“教申委”的常设机构为教师申诉处理委员会办公室，设在校工会，主要负责教师申诉事项的受理、调查和初审，并将调查情况和初审意见报“教申委”讨论、研究和处理。

（三）教师申诉的受理

6．教师有下列情形之一者，可以向“教申委”提起教师申诉。

（1）认为在人事安排、职称评审、职务聘任、教育科研、进修培训、考核奖惩、福利待遇、民主管理等方面的合法权益受到学校或其有关职能部门侵害的；

（2）不服学校及其有关职能部门做出的处理决定的；

（3）“教申委”认为应当受理的其他申诉事项。

7．教师申诉的时效为30日，即教师应当在自己的合法权益受到学校或其有关职能部门侵犯之日起30日内，或者在学校或其有关职能部门做出处理决定之日起30日内，向“教申委”提出申诉申请，逾期不提出视为自动放弃校内申诉权利。

8. 申诉申请应以书面形式提出，申诉申请书应包括申诉人的基本情况、被申诉部门、申诉请求、申诉事实和理由及有关证明材料等。

9.“教申委”应当自接到申诉申请书之日起5个工作日内对申诉材料进行审查，并根据具体情况做出如下处理：

（1）申诉事项属于受理范围且申诉材料齐备的，予以受理；

（2）对于申诉材料不齐备的，或者申诉申请书未明确阐明申诉请求和理由的，要求申诉人在5个工作日内予以补正，逾期不补正的视为放弃申诉；

（3）对于不符合申诉条件的，决定不予受理，并向申诉人书面说明理由。

10.“教申委”应当自接到申诉申请之日起20个工作日内做出申诉处理决定。

11. 在“教申委”做出申诉处理决定前，申诉人可以书面申请撤回申诉。申诉一经撤回，申诉程序即告终结，申诉人不得再以同一事项提出申诉。

（四）教师申诉的处理程序

12.“教申委”在受理教师申诉后，应当于次日将教师申诉申请书送达被申诉部门，被申诉部门应当在3日内针对申诉人提出的异议向“教申委”做出书面答复并提供相关的证据。

13. 在收到被申诉部门提交的书面答复和相关材料后，“教申委”应当对申诉内容展开全面调查核实，包括查阅相关法律、政策及学校规章制度，向相关部门和人员了解情况、调查取证等。

14. 对于情节复杂或者重大申诉案件，“教申委”应当召开申诉会议，由申诉人和被申诉部门进行举证、质证和辩论，听取双方当事人的意见，全面核实申诉内容，并制作会议笔录。

15. 在全面调查核实申诉内容的基础上，“教申委”应当组织委员召开评议会议（2/3以上“教申委”委员出席方可召开），由出席会议的委员进行无记名投票表决，形成书面的处理意见。

16.“教申委”可以针对申诉事项，召集申诉人和被申诉部门的责任人或相关人员进行调解。申诉双方当事人经调解达成一致的，“教申委”应当制作调解书；调解书经申诉双方当事人签字盖章后生效，双方当事人不得就已生效的调解书向“教申委”提出重复申诉。调解不成的，不影响“教申委”对申诉事项做出决定。

17.“教申委”在处理教师申诉过程中，与具体申诉事项存在利害关系的“教申委”委员，应当自行回避；申诉双方当事人也可以申请与申诉事项存在利害关系的委员回避。委员的回避决定由“教申委”做出。委员存在下列情形之一的，视为与申诉事项存在利害关系：

（1）该委员为被申诉部门负责人或主要成员的；

（2）该委员为申诉人或者被申诉部门主要负责人的近亲属的；

（3）该委员与申诉人或者被申诉部门存在其他利害关系，可能影响其正确行使决定权的。

18. 在召开评议会议并由委员进行表决后，“教申委”应当做出教师申诉处理决定。“教申委”视以下三种不同情况分别做出相应的处理决定：

（1）申诉人的合法权益并未受到侵犯或者被申诉部门的处理决定并无不当的，裁定驳回申诉人的申诉请求；

（2）申诉理由充分，事实清楚，申诉人的合法权益确实受到侵犯或未得到有效保障，且尚能予以补救的，“教申委”裁定责令被申诉部门重新做出处理决定或对有关事宜、结果进行复议；

（3）申诉理由充分，事实清楚，申诉人的合法权益确实受到侵犯或未得到有效保障，但限于客观情况难以有效补救的，裁定被申诉部门的原处理决定不适当，并建议学校对相关部门和相关责任人予以批评教育或处分。

19.“教申委”在做出书面的教师申诉处理决定后，应当在3个工作日内向申诉人和被申诉部门送达。

20. 教师申诉处理决定是学校对教师处分（处理）的校内最终决定。处理决定书一经送达，立即生效，申诉人和被申诉部门均应当执行。教师如对申诉处理决定仍有异议的，可以在接到《申诉处理决定书》之日起30日内向学校的上级教育行政部门提出教师申诉；属于诉讼或仲裁受理范围的，也可依法提起诉讼或仲裁。

第五节 教职工代表大会成立与运行规范化管理操作指南

情境再现

据媒体消息，2017年8月25日下午，合肥市方兴小学教师代表和全体领导班子成员齐聚会议室参加一年一度的教师代表大会。会上，该校校长就《合肥市方兴小学2016—2017年在职人员绩效工资发放办法》逐条进行解读。他强调，只有使绩效工资透明、公平、公正，才能提高教职工工作的积极性，因此每学年都必须对绩效工资分配方案进行修改，保证每一位教职工的切身利益。该校党支部副书记对《合肥市方兴小学2016—2017年在职人员绩效工资发放办法》在具体实施中出现的一些问题进行了剖析。随后，各教师代表对新学期的绩效工资分配方案进行了分组讨论，代表们本着高度负责的态度建言献策。下午5点20分，主席团听取和讨论了各组提出的意见和建议，并把合理的意见和建议吸收到方案中。在充分听取教师代表意见和建议后，主席团将方案提交本次教职工代表大会讨论、表决，并顺利通过。

问题思考

1. 教职工代表大会的职权主要有哪些？
2. 如何建立健全教职工代表大会制度？

法规依据

《中华人民共和国教师法》《中华人民共和国工会法》《学校教职工代表大会规定》

操作指南

（一）通则

1．学校教职工代表大会，是教职工依法参与学校民主管理和监督的基本形式，是教职工行使民主管理的机构，是学校管理体制的重要组成部分。

2．建立教职工代表大会制度，是保障教职工依法行使民主权利的需要，是加强和推进基层单位民主建设的需要，是进一步完善学校管理体制改革的需要，也是完善现代学校制度、促进学校依法治校的需要。学校应当建立和完善教职工代表大会制度。

3．教职工代表大会在中国共产党学校基层组织的领导下开展工作。教职工代表大会的组织原则是民主集中制。

（二）教职工代表大会制度的建立及职权

4．有教职工80人及以上的学校，应当建立教职工代表大会制度；不足80人的学校，建立由全体教职工直接参加的教职工大会制度。教职工大会制度的性质、领导关系、组织制度、运行规则等，与教职工代表大会制度相同。

5．教职工代表大会行使下列职权。

（1）审议建议权

①听取学校章程草案的制定和修订情况报告，提出修改意见和建议；

②听取学校发展规划、教职工队伍建设、教育教学改革、校园建设以及其他重大改革和重大问题解决方案的报告，提出意见和建议；

③听取学校年度工作、财务工作、工会工作报告以及其他专项工作报告，提出意见和建议。

（2）审议通过权

审议通过学校提出与教职工切身利益密切相关的福利、校内分配实施方案以及相应的教职工聘用、考核、奖惩办法。

教职工代表大会代表以无记名投票或举手表决方式履行审议通过权。大会表决的方案或办法须经全体教职工代表半数以上通过方为有效。

审议通过的方案、政策或办法等由校长颁布实施。未经审议或经审议表决未能通过的不得实施。

（3）评议监督权

①按照有关工作规定和安排评议学校领导干部。

★ 按照有关工作规定和安排，评议、监督学校领导干部，向主管机关提出表扬、批评、奖惩和任免的建议；根据主管机关的部署，参与民主推荐学校行政领导人员的人选。

★ 评议的内容，以干部的任期目标和岗位责任制为依据，评议干部德、能、勤、绩四个方面的表现。

②听取和评议上届（次）教职工代表大会提案的办理情况报告。

③通过多种方式对学校工作提出意见和建议，监督学校章程、规章制度和决策的落实，提出整改意见和建议。

（4）其他民主权利

讨论法律法规规定的以及学校与学校工会商定的其他事项。

6. 教职工代表大会（教职工大会）的意见、建议和通过的事项，都以会议决议的方式做出。

（三）教职工代表大会代表的产生、资格、权利和义务

7. 凡依法享有政治权利，并与学校签订聘任聘用合同、具有聘任聘用关系的教职工，均可当选为教职工代表大会代表。

8. 教职工代表大会的代表应当具备以下基本条件和素质：坚持党的基本路线，拥护党的方针政策，遵守国家的法律法规和学校各项规章制度；胜任并做好本职工作，有较强的业务知识和民主管理意识，并积极参加学校的民主管理活动；遵守社会公德和职业道德，教书育人（管理育人、服务育人）、为人师表；热心为教职工说话办事，作风正派，处事公道；密切联系群众，能够代表教职工群众利益，如实反映群众的意见和要求并拥有良好的群众基础。

9. 教职工代表大会的代表以学校下属二级机构（包括年级、教研室、各处室等）为单位，由教职工直接选举产生。

★ 各个选举单位，按分配的名额，通过无记名投票选举产生代表。代表须获得应到会人数的半数以上的同意票才能当选。学校党政工团主要领导一般应是教职工代表大会代表人选，选举时将他们的名额分到有关选举单位，参加选举。

10. 各选举单位将选举结果报告学校工会。由教职工代表大会代表资格审查小组进行资格审查。审查当选代表是否符合代表条件和代表结构比例，其当选是否符合规定程序。代表经资格审查确认有效后，予以公布，并发给代表证。

★ 学校教职工代表大会代表占全体教职工的比例，应当遵守地方省级教育等部门的规定；地方省级教育等部门没有规定的，由学校自主确定（教职工代表大会代表一般应占全体教职工总数的20%—40%）。

★ 教职工代表大会代表以教师为主体，教师代表不得低于代表总数的60%，并应当根据学校实际，保证一定比例的青年教师和女教师代表。民族地区的学校和民族学校，少数民族代表应当占有一定比例。

11. 教职工代表大会代表向选举单位教职工负责并报告工作，接受选举单位教职工的监督。选举单位教职工全体会议有权按照规定的程序更换或者撤换其所选举的教职工代表。

12. 教职工代表大会代表实行任期制，任期3年或5年，期满应当进行换届选举，可以连选连任。

13. 教职工代表大会代表享有以下权利：

（1）在教职工代表大会上享有选举权、被选举权和表决权；

（2）在教职工代表大会上充分发表意见和建议；

（3）提出提案并对提案办理情况进行询问和监督；

（4）就学校工作向学校领导和学校有关机构反映教职工的意见和要求；

（5）因履行职责受到压制、阻挠或者打击报复时，向有关部门提出申诉和控告。

14. 教职工代表大会代表应当履行以下义务：

（1）努力学习并认真执行党的路线方针政策、国家的法律法规、党和国家关于教育改革发展的方针政策，不断提高思想政治素质和参与民主管理的能力；

（2）积极参加教职工代表大会的活动，认真宣传、贯彻教职工代表大会决议，完成教职工代表大会交给的任务；

（3）办事公正，为人正派，密切联系教职工群众，如实反映群众的意见和要求；

（4）及时向本部门教职工通报参加教职工代表大会活动和履行职责的情况，接受评议监督；

（5）自觉遵守学校的规章制度和职业道德，提高业务水平，做好本职工作。

（四）教职工代表大会的组织规则

15. 学校应当定期组织召开教职工代表大会，支持教职工代表大会的活动。教职工代表大会每三年或五年为一届，期满应当进行换届选举。

16. 学校每年至少召开一次教职工代表大会。每次会议须有正式代表总数的三分之二以上代表出席方可召开。遇有重大事项，经学校、工会或三分之一以上教职工代表大会代表提议，可以临时召开教职工代表大会。

17. 教职工代表大会的选举和表决，须经全体代表的半数以上通过方为有效。

18. 依照法律法规及有关规定，应当提交教职工代表大会审议通过的事项而未提交的，学校就此事项做出的决定无效。

19. 教职工代表大会根据实际情况和需要设立若干专门工作小组，完成有关任务。

★ 专门工作小组的人选，一般在教职工代表大会代表中产生，由大会筹备组提出人选，经主席团审议，提交大会通过。专门工作小组对教职工代表大会负责，闭会期间在工会指导下开展工作。

★ 专门工作小组根据学校实际需要设定，一般可设提案工作、民主评议、教育教学、规章制度和生活福利等专门工作小组，其任期与教职工代表大会的任期相同。

★ 专门工作小组的主要职责：

①对教职工代表大会讨论决定的相关专门问题，进行调查研究，提出建议；

②收集整理、讨论研究相关意见、建议，制定方案草案；

③检查、督促有关部门落实教职工代表大会相关专门工作的决议或决定的情况。

20. 教职工代表大会根据实际情况和需要，可以在代表中选举产生执行委员会。执行委员会中，教师代表应占多数。教职工代表大会闭会期间，遇有急需解决的重要问题，可由执行委员会联系有关专门工作小组与学校有关机构协商处理。其结果向下一次教职工代表大会报告。

（五）教职工代表大会的筹备和召开

21．学校成立教职工代表大会筹备（领导）小组。筹备（领导）小组根据学校实际和会议需要可设立若干工作组，一般应设秘书组、代表资格审查组、提案工作组、宣传组、会务组等。

22．筹备阶段的主要任务和工作内容包含：

（1）提出召开大会方案的建议，包括大会召开时间、主要议题、议程、代表选举方案、邀请列席代表的建议名单等；

（2）组织选举教职工代表大会代表；

（3）进行代表资格审查；

（4）征集大会提案，做好提案审查立案工作；

（5）参与研究大会议题、议程；

（6）提出大会主席团建议名单；

（7）准备大会有关文件；

（8）安排布置会场。

23．大会召开前，应确定中心议题。教职工代表大会筹备（领导）小组应根据学校中心任务，针对学校改革、管理、分配和教职工最关心的问题，在广泛听取教职工意见的基础上，经与学校党政工联席会议协商，确定大会中心议题。

24．在筹备期间（一般在大会召开前一个月），提案工作小组向全体代表征集提案。提案内容要围绕学校教职工代表大会中心议题和教职工最关心的问题。提案应当一事一案，由一人提议两人以上附议，也可由代表团（组）集体提出。

25．提案工作小组负责提案收集、整理、审核、受理工作。符合受理条件的提案经校长签署意见后交由承办部门办理。提案承办部门应在规定时限内，将提案处理意见或落实情况反馈给提案人。提案工作小组在教职工代表大会上报告本次大会提案征集情况和上次教职工代表大会提案的办理、落实情况。

26. 在大会正式召开之前，应当召开教职工代表大会预备会议。预备会议主要议程有：

（1）报告大会筹备工作情况；

（2）做代表资格审查报告；

（3）选举大会主席团；

（4）通过大会议题及议程；

（5）通过大会其他有关事项。

27. 教职工代表大会正式会议须在与会代表超过代表总数的三分之二时，方可宣布召开。大会由主席团执行主席主持。

28. 教职工代表大会正式会议的主要议程有：

（1）学校行政负责人做学校工作报告；

（2）有关负责人做学校财务工作报告；

（3）提案工作小组负责人做提案工作报告；

（4）有关负责人做校务公开工作报告或其他专题报告；

（5）工会负责人就教职工代表大会闭会期间，召开联席会议所决定的教职工代表大会职权范围内的问题，向大会做出说明，提请大会确认；

（6）教职工代表大会和工会代表大会合开的，应当增加以下内容：学校工会主席做工会工作报告；学校工会财务负责人做工会经费收支情况报告；学校工会经费审查委员会主任做经费审查情况工作报告；

（7）由工会主席或由教职工代表大会主席团负责人、秘书长和专门工作小组报告上次教职工代表大会决议、决定的落实及提案的处理等情况；

（8）以代表团（组）为单位，就会议报告、文件、方案、各项决议决定草案进行讨论、审议；

（9）进行大会选举，对各项议案、大会决议、决定草案进行表决；

（10）按民主评议方案组织民主评议领导干部。

（六）教职工代表大会的工作机构

29. 学校工会为教职工代表大会的工作机构。

30. 学校工会承担以下与教职工代表大会相关的工作职责：

（1）做好教职工代表大会的筹备工作和会务工作，组织选举大会代表，征集和整理提案，提出会议议题、方案和主席团建议人选；

（2）教职工代表大会闭会期间，组织传达贯彻教职工代表大会精神，督促检查教职工代表大会决议的落实，组织各代表团（组）及专门工作小组的活动，主持召开教职工代表团（组）长、专门工作小组负责人联席会议；

（3）组织大会代表的培训，接受和处理大会代表的建议和申诉；

（4）就学校民主管理工作向学校党组织汇报，与学校沟通；

（5）完成教职工代表大会委托的其他任务。

选举产生执行委员会的学校，其执行委员会根据教职工代表大会的授权，可承担前款有关职责。

（七）教职工代表大会的工作制度

31. 学校应根据实际和工作需要，制定完善落实教职工代表大会工作任务的各项相关制度。

32. 根据学校的具体情况，教职工代表大会可建立以下工作制度：

（1）代表选举及管理制度；

（2）提案征集处理制度；

（3）民主评议领导干部制度；

（4）调查研究制度；

（5）咨询和沟通制度；

（6）代表检查制度；

（7）民主管理接待日制度；

（8）代表培训制度；

（9）检查评估制度。

第六节　校务公开工作规范化管理操作指南

情境再现

据媒体消息，2014年4月初，一名广丰县网友给江西省委书记留言，反映江西广丰县部分学校没有按县教育体育局要求公布财务收支明细账目。对此，中共广丰县委办公室答复称，所有学校对财务信息进行了及时公开，但发现个别学校财务信息公开内容不够详细，对这样的学校，县教育体育局要求他们进行整改，按照有关文件规定公开财务信息。

问题思考

1. 校务公开的主要内容有哪些？
2. 校务公开的程序是怎样的？如何规范校务公开制度？

法规依据

《教育部、中华全国总工会关于全面推进校务公开工作的意见》《教育部关于推进中小学信息公开工作的意见》《全面推进依法治校实施纲要》《依法治教实施纲要（2016—2020年）》

操作指南

（一）通则

1. 实行校务公开是依法治校，加强学校党风廉政建设和行风建设，加强民主管理和民主监督，实现决策的民主化和科学化，建立现代学校制度的重要举措。它有利于调动全体教职工的工作积极性、主动性，争取学生家长及社会各界的理解、支持和配合，群策群力办好教育。

2. 校务公开中的“校务”，是指学校在实施教育教学和管理过程中所产生的事务及其有关信息。

3. 学校应当遵循公正、公平、便民的原则，建立校务公开工作机制和各项工作制度。

（二）校务公开的组织机构

4. 学校设立由校长担任组长的校务公开工作领导小组，负责领导组织、统一协调校务公开工作的实施。领导小组下设校务公开工作办公室和校务公开监督办公室。

5. 校务公开工作办公室负责校务公开各项日常工作的实施，由校务公开工作领导小组的一名主要副组长担任主任，成员由学校各处室、部门的负责人组成。

6. 校务公开监督办公室负责检查、监督学校的校务公开工作，并及时收集、整理与反映师生员工和社会公众对校务公开工作的意见、建议和要求。由党组织负责人或工会负责人担任主任，成员由工会代表、教职工代表、学生或家长委员会代表等人员组成。

（三）校务公开的主要内容

7. 除涉及党和国家规定的保密范围以及暂时不宜对外公布的事项外，与学校教育改革和发展、学校管理、教职工、学生及社会公众切身利益相关的重要事项，都要在一定的范围、规定的时间、按程序采取适当方式予以公开。校务公开的重点内容是涉及学校改革发展的重大举措，涉及人、财、物、基本建设等权力运行的重点领域，涉及教职工及学生切身利益的重大事项等。

8. 学校向社会公开以下校务：

（1）学校的基本情况介绍、领导班子成员介绍、机构设置情况；

（2）招生章程和招生计划、录取程序，收费项目、收费标准、计费单位、收费范围、收费依据和批准收费机关等；

（3）面向社会的招标项目、招投标程序、投标情况、中标结果；

（4）面向社会招聘人员的招聘条件和程序、招聘结果；

（5）依照法律法规应该公开或学校认为应该公开的其他事项。

9. 学校向学生公开以下校务：

（1）学校的机构设置和师资情况；

（2）学校管理制度和学生管理信息，包括与学生有关的各项管理制度，学生入党、入团、评优、评先、奖学金评定和发放、贫困生资助的情况，以及学生奖惩情况等；

（3）学校招生和教育教学改革情况；

（4）学校收费规定，包括收费项目、收费标准、计费单位、收费范围、收费依据及批准收费机关等；

（5）涉及学生利益的其他重要事项。

10. 学校向教职工公开的校务，除第8条和第9条的内容外，还应包括下列内容：

（1）学校的发展规划、改革方案、建设规划、工作计划以及重大事项的决策过程与结果；

（2）学校章程、各项规章制度、办事规程、廉政规定；

（3）学校有关经费的预算及使用情况，其他各项收入来源、支出及使用情况；

（4）人事及职称评定相关情况，包括干部的选拔任用，各岗位人员的聘用、考核、晋级、奖惩，职称评定的政策、办法、程序和结果；

（5）工资、福利待遇相关情况，包括教职工工资调整、奖金、福利分配方案，住房公积金和其他社保费用缴纳情况；

（6）教职工代表大会提案的办理结果或办理情况；

（7）基建工程、维修工程招投标情况，包括工程项目、招投标工作程序、投标情况、中标结果等；

（8）大宗物资、大型和成套设备采购情况，包括物资（设备）名称、数量、质量（有关技术参数）、采购情况或招投标情况等；

（9）学校领导干部遵守廉洁自律规定的情况和民主评议情况：

（10）按照法规或上级要求应当公开的其他事项和信息。

11. 学校对下列信息不予公开：

（1）涉及国家秘密的；

（2）涉及商业秘密的；

（3）涉及个人隐私的；

（4）法律法规和规章以及学校规定的不予公开的其他信息。

其中第（2）项、第（3）项所列的信息，经权利人同意或者学校认为不公开可能对公共利益造成重大影响的，可以予以公开。

（四）校务公开的形式

12. 教职工代表大会是校务公开的基本形式，在大会上，由校长报告学校工作、发展计划、财务状况等有关学校改革发展的重大事项，相关部门报告教职工关心的有关问题。

13. 以其他各种会议形式公开校务，包括办公室负责人会议、校务会或行政扩大会、教职工全体会、家长委员会会议和家长大会、党员会议等。

14. 以各种公文形式进行公开。学校以各种文件、公报、公告、通报、通知等形式公开校务。各职能部门通过编印本部门工作手册或制度汇编，公开本部门管辖事项的办事依据、规则与程序。

15. 利用各种校内媒体进行公开。充分利用校报、校园网、校电视台、广播站、宣传橱窗等媒体发布有关信息，使本校师生员工及时了解校务情况。

16. 利用其他形式进行校务公开，包括设立公告栏、意见箱，设立校领导接待日，公开监督举报电话和信箱等。

17. 向社会公开的校务除以上形式外，还可采用发送书面通知、信函或通过新闻媒体发布等形式。

（五）校务公开的程序和监督

18. 学校各职能部门对其职责范围内应该公开的事项、内容，经本部门负责人审核并报请主管校领导同意后，提交学校校务公开工作办公室按规定予以公开，遇重大事项需经校务公开工作领导小组讨论决定后公开。

19. 按规定应提交教职工代表大会审议通过的校务，应在教职工代表大会审议通过后方能予以正式公开。

20. 依照有关规定享有校务公开知情权和监督权的组织和个人申请公开的，可以凭有效证件提出申请。申请人应填写申请表，由学校对申请人的身份、目的、用途进行审查，对申请人申请与本人生产、生活、科研等特殊需要无关的信息，学校可以不予提供。

21. 为使校务公开制度化、规范化、程序化，学校各职能部门应做好校务公开材料的收集、整理和归档工作。

22. 校务公开监督办公室负责监督和定期检查学校的校务公开工作，及时将检查结果通报有关单位和人员，同时报送学校校务公开工作领导小组。

第七节 家长委员会成立与运行规范化管理操作指南

情境再现

据媒体消息，2017年4月12日，近100名学生家长参加了湖北省襄阳市某小学举办的“第一届家长委员会”成立大会。该校首届家长委员会的成立，将突破以往学校统领所有工作的方式，改由家长委员会共同监管、共同协商组织学校的各项活动。在会上，首先由该校校长向各位家长介绍了家长委员会的重要性和组建家长委员会的目的，接着正式选举学校家长委员会成员，通过各班班主任推荐、家长们互相推荐、家长自荐的方式，最终学校第一届家长委员会由7名家长组成。其中主任1人，副主任2人，委员4人。随后各年级各班也相继组建了班级家长委员会。今后，家长委员会对学校重大事项和各项工作管理将拥有参与权、知情权、发言权和评价权。家长们可以通过定期召开会议，参与学校管理，为学校发展出谋划策，学校的大小事务，不再是学校领导说了算，每一项决定都需要家长委员会成员发出声音。

问题思考

1. 学校家长委员会的职权主要有哪些？
2. 如何建立健全学校家长委员会制度？

法规依据

《国家中长期教育改革和发展规划纲要（2010—2020年）》《全面推进依法治校实施纲要》《依法治教实施纲要（2016—2020年）》《教育部关于建立中小学幼儿园家长委员会的指导意见》

操作指南

（一）通则

1. 家长委员会是由本校学生家长代表组成，代表全体家长参与学校民主管理，支持和监督学校做好教育发展工作的群众性自治组织，是学校联系广大学生家长的桥梁和纽带。

2. 建立家长委员会，对于发挥家长作用，促进家校合作，优化育人环境，完善学校民主管理和社会监督制度，深入推进素质教育，构建现代学校制度，具有重要意义。

（二）家长委员会的章程

3. 家长委员会的名称为：×××（学校全称）家长委员会。

4. 家长委员会章程是家长委员会组织和运行的基本“法规”，它规定了家长委员会的组建程序、组织机构和职责、成员的权利和义务、活动和运行规则等涉及学校家长委员会的各项重大制度。

5. 学校应当指导、协助本校家长委员会制定章程。

6. 家长委员会章程应当包括以下内容：

（1）家长委员会的名称；

（2）家长委员会的宗旨；

（3）家长委员会的权利与义务、职责与任务、选举与任期；

（4）家长委员会的组织架构；

（5）家长委员会的主任、副主任及委员的任职条件与工作职责；

（6）会议制度；

（7）其他需要规定的内容。

（三）家长委员会的成立和组织机构

7. 学校应组织和指导家长完善家长委员会产生程序，并逐步过渡到家长委员会由选举产生。

8. 成立第一届学校家长委员会时，先由各班召开班级家长会议，由班主任协助家长推选出本班家长代表，参加学校家长代表大会。学校协助组织召开全校家长代表大会，由家长代表推选出一定名额的学校家长委员会委员，并由委员（或家长代表）推选出家长委员会主任一名、副主任若干名。大会表决通过家长委员会章程，宣告学校家长委员会正式成立。

9. 家长代表、家长委员会委员任期一般为三年，每学年可以适当改选，可连选连任。因毕业、转学等离校的学生家长，其家长代表、家长委员会委员身份自动丧失；主任委员子女在其任期内离校时，需提前两周提交辞呈，由家长委员会推选一名副主任委员代任，主持常务工作。

10. 家长委员会根据实际工作需要，可以成立宣传部、教育教学部、安全保障部、财务后勤部等工作部门，以便开展各方面的工作。各工作部门的部长由家长委员会委员兼任，工作部门会议及活动由部长负责召集。

11. 规模较大的学校，可以成立班级家长委员会和年级家长委员会，并可参照学校家长委员会进行组建、运作以及履行相关职责。

（四）家长代表大会和家长委员会的职责

12. 学校家长代表大会的职责：

（1）审议、修改家长委员会章程。

（2）听取学校工作报告，就学校工作提出意见和建议；听取学校家长委员会工作报告，研究确定学校家长委员会重大工作。

（3）选举及罢免学校家长委员会委员、副主任委员、主任委员。

13. 学校家长委员会的职责：

（1）定期召开家长委员会会议。听取学校关于发展规划、教育教学工作安排等方面的情况介绍，就学校发展中的重要问题进行研究，为学校的发展献计献策。

（2）与学校共同做好学生思想道德教育工作。经常向家长了解学生在家庭的表现和对学校、教师的看法，及时将有关情况与学校和教师进行沟通，与学校和教师一起肯定和表扬学生的进步，解决和化解学生遇到的困难和烦恼，促进学生健康成长。

（3）协助学校开展教育教学活动。发挥家长的专业优势，为学校教育教学活动提供支持。选派家长委员列席学校校务、教务等会议，与学校一起组织家长听课、家长接待日，参与对学生和教师的评价，帮助学校改进和完善教育教学工作。

（4）为学校发展创设有利环境。家长委员会要发挥全体家长的优势和特长，与学校紧密协作，在依法治校、学校管理、校园文化建设、安全和健康教育、学校周边环境治理、开展校外教育实践等方面，积极为学校和学生办实事、办好事，切实帮助学校解决办学中遇到的实际问题和困难，为学校的发展创造良好的外部环境。

（5）帮助开展家庭教育工作。积极向家长和社会宣传解释学校工作制度和工作措施，协助学校开展家庭教育工作；做好家长思想工作，动员所有家长积极学习教育知识；动员和组织家长参与学校活动和家长培训，增进家长对学校工作的理解和支持，促进家庭教育与学校教育协调一致。在学校和班主任的协助下，定期组织学校和班级家庭教育讲座活动，提高家长教育子女的水平。

（6）沟通协调学校与家庭。建立家长委员会和学校定期沟通协调的议事机制，就家长、学生、社会等反映的有关问题及时与学校进行沟通协商。建立班主任、任课教师与家长，家长与家长间的沟通、互动机制，促进学校和家庭的相互理解，营造良好的家校关系。

（五）家长委员会委员的任职条件与工作职责

14．家长委员会的委员应当具备下列任职条件：

（1）具有正确教育观念，掌握科学的教育方法。

（2）热心学校教育工作，富有奉献精神。

（3）有一定的组织管理和协调能力，善于听取意见、办事公道、责任心强，能赢得广大家长的信赖。

15．家长委员会委员应当履行下列工作职责：

（1）学习、宣传党的教育方针，关心、爱护青少年健康成长。

（2）了解学校教育工作现状，对学校的教育教学工作提出积极意见和建议。

（3）密切联系本班所有学生家长，与他们充分交流意见、达成共识并向学校反映和沟通。积极协调家长之间、社会部门与学校班级之间的关系，加强家庭与学校的联系。

（4）协助学校每年定期组织家长代表大会、家长会、家长接待日，举办家长学校，开展家庭教育咨询，开办家庭教育论坛、教育沙龙等活动。帮助学校发展社会实践、国防教育和劳动教育基地，开辟第二课堂，提高学生的社会实践活动能力，培养学生热爱祖国、热爱劳动的优秀品质。

（5）积极参加家长委员会的活动，认真参加会议，不无故缺席，为学校教育教学管理工作、可持续发展等方面积极献言献策。

（六）家长委员会会议和其他工作制度

16. 家长委员会每学期至少召开一次会议，听取学校工作报告，就学校工作提出意见和建议，研究确定委员会各项工作。参加会议的委员应达到全体委员总人数的80%。

17. 家长委员会开会时，校长、处室主任及教师代表可以列席。

18. 家长委员会每学期结束前要对本学期开展的工作和效果进行总结。每学年配合学校开展评选优秀家长的表彰活动。

19. 家长委员会应当建立各个方面的工作制度，包括例会制度、驻校办公制度、与学校和教师沟通协调制度、家长委员会提案制度、家长委员会听证制度、家长义工制度等。

（七）家长委员会的条件保障

20. 学校应当为家长委员会提供必要的办公场所和办公设备，为其开展工作提供必要的人力、物力和财力的保障。

21. 学校应当完善科学民主的决策机制，保障家长委员会有效参与学校管理；完善科学的评价机制，保障家长委员会对学校工作实施有效监督；开放教育教学活动，保障家长委员会参与教育工作；建立学校与家长委员联席会议制度，定期通报情况，保障沟通渠道畅通，确保家长委员会依法、规范、有序、有效地开展工作。